舞狮

全民健身项目指导用书

王连生　杨永峰◎主编

吉林出版集团股份有限公司　全国百佳图书出版单位

图书在版编目（CIP）数据

舞狮 / 王连生，杨永峰主编. －－ 2 版. －－ 长春：
吉林出版集团股份有限公司，2010.2（2024.8重印）
全民健身项目指导用书
ISBN 978-7-5463-2326-8

Ⅰ. ①舞… Ⅱ. ①王… ②杨… Ⅲ. ①狮子舞－基本
知识－中国 Ⅳ. ①G852.9

中国版本图书馆 CIP 数据核字(2010)第 028417 号

全民健身项目指导用书

舞 狮

WUSHI

主　编	王连生　杨永峰	
责任编辑	黄群　杜琳	
封面设计	吕宜昌	
开　本	650mm×960mm　1/16	
印　张	8	
字　数	30 千	
版　次	2010 年 2 月第 2 版	
印　次	2024 年 8 月第 4 次印刷	

出版发行	吉林出版集团股份有限公司
地　址	吉林省长春市福祉大路 5788 号
邮　编	130000
电　话	0431-81629968
电子邮箱	11915286@qq.com
印　刷	三河市金兆印刷装订有限公司
书　号	ISBN 978-7-5463-2326-8　定　价　39.80 元

序言

自1995年我国政府推出《全民健身计划纲要》以来，我国群众性体育活动蓬勃发展，取得了显著的成绩。2008年，举世瞩目的北京奥运会的成功举办，极大地激发了亿万人民群众的体育热情，增强了全社会的体育意识，营造了浓厚的全民健身氛围。面对这样的可喜局面，群众体育科研、教学工作者应义不容辞地为社会实践服务，从不同角度思考，如何使普通百姓通过简而易行的身体锻炼方式、方法和手段达到良好的健身效果，达到拥有健康的目标，从而享受生活、享受快乐人生。该书系就是在这样的思想指导下诞生的。

本书系能够顺应国家体育的大政方针，掌握时代脉搏，对指导大众健身，使大众掌握健身方法和手段有很好的促进作用。

本书系图文并茂，实用性强，分为球类运动、体操健身运动、传统武术、冰雪运动、水上运动、体育舞蹈、休闲运动、格斗运动、民间体育活动和极限运动等十大类项目，计100分册，按照统一的体例，力争有所创新。每册的具体内容为该项目的起源与发展、运动保健、基本技术、运动技巧、比赛规则等，使读者在学习过程中，不仅能够学会运动健身的方法，同时还能够学到保健方面的基本知识。

经国务院批准，自 2009 年起，将每年的 8 月 8 日定为"全民健身日"。《全民健身项目指导用书》的出版，必将为开展全民健身活动起到积极的推动和指导作用。

目录 CONTENTS

目录 CONTENTS

第一章 概述

中国是舞狮运动的发源地。舞狮运动自问世以来，一直深受各族人民的喜爱，历代相传，鼎盛不衰，并由此形成了极其灿烂的舞狮文化。

第一节
起源与发展

在中国,舞狮原是一种以自发性、娱乐性、随意性为特点的民间传统文体活动,经过两千余年的发展,其形式、种类日益繁多,风格、流派异彩纷呈。

起源

舞狮源于中国,又称狮舞、狮子舞、耍狮子等,是一种集娱乐、武术、杂技、音乐、舞蹈、竞技等为一体的综合性民间文化活动,广泛流行于东亚、东南亚各国和世界其他国家和地区。舞狮运动历史悠久,流传广泛,形式多样,对其起源的说法历来众说纷纭。

有关舞狮的记载,最早见于《汉书·礼乐志》,其中提到了"象人"。按三国时期魏国人孟康的解释,"象人"就是扮演鱼、虾、狮子的艺人。由此可见,最晚在三国时期就已经出现了舞狮。南北朝时期,民间也流行舞狮运动。

到了唐朝,舞狮已发展为上百人集体表演的大型歌舞,还作为燕乐舞蹈在宫廷表演,称为"太平乐",又叫"五方狮子舞"。唐代以后,舞狮在民间广为流传。宋代的《东京梦华录》记载说,有的佛寺在节日开狮子会,僧人坐在狮子上做法事,讲经以招徕游人。明人张岱在《陶庵梦忆》中,介绍了浙江灯节时,大街小巷,锣鼓声声,处处有人围簇观看舞狮的盛况。

发展

千百年来,舞狮运动已成为中华灿烂文化的一部分,深受各族人民的喜爱。伴随着舞狮运动的不断发展,舞狮已成为全民健身运动的有机组成部分。

传播

1995 年，"国际龙狮总会"和"中国龙狮协会"相继成立，中国传统的舞狮运动得到了迅猛发展。1996 年，国家体育总局在广东肇庆首次制定了《舞狮竞赛规则》，并于 2001 年在上海体院进行了修改。1997 年 12 月，第一届全国舞狮比赛在广东番禺成功举办。此后我国又举办了多次国内外舞狮邀请赛、世界龙狮锦标赛及全国龙狮锦标赛等，并将舞狮运动正式列入农民运动会的比赛项目，从而大大地推动了这项民族传统体育运动的开展与普及。

如今，舞狮运动已跨出国门，走向世界，与世界各国进行交流，并取得了长足的进步。世界上只要有华人的地方，就有舞狮运动的继承和开展，它已经成为了中华民族的一种精神象征。

分类

舞狮有南狮和北狮之分，北狮动作轻巧，以跳跃、翻腾为主，流行于华北、华东部分地区；南狮则动作大而威猛，鼓乐雄壮，闻之令人振奋，盛行于广东、广西、港、澳、台地区，新加坡等国家也有流行。

北狮

北狮，顾名思义，是指北方的舞狮。北狮的外形与真狮相似，全身披金黄色毛，舞狮者（一般两人合舞一只大狮子）只露双脚，不见其人。北狮有雌、雄之分，还有文狮、武狮、成狮、崽狮之别。北狮表演阵容由引狮员和双狮组成，在平地、高台、梅花桩、球或跳板上进行表演，表演的"狮头"和"狮被"是不连接在一起的，通过狮被把两人绑在一起，使得表演难度增加。北狮的动作轻巧，一般有跌扑、翻滚、跳跃、挠痒等，也有滚绣球、过跳板、上楼台等技巧动作，模仿真狮子的表情，结合方桌、圆球、桩柱等器材进行表演，鼓乐配以小锣、小鼓、小钹等。北狮主要流行于华北、中原和中南、华东部分地区，较有代表性的有河北双狮、安徽青狮和湖南狮等。

南狮

南狮泛指流传于南方的舞狮,分为文狮、武狮和少狮三大类,以广东等地的舞狮最具代表性。南狮造型极为夸张,威武雄壮,美丽活泼,形神兼备。南狮的表演形式主要是以单狮(由两人组成)在"桩阵"上表演为主,地面表演为辅。因为南狮的"狮头"和"狮被"是连接在一起的,队员之间不绑在一起,运动比较自由,动作灵活多变。南狮动作大而威猛,配以大锣、大鼓、大钹等,鼓乐雄壮,闻之令人振奋,主要盛行于广东、广西、港、澳、台等地区和新加坡、马来西亚等国家。

概述

发展趋势

舞狮是一种集武术、舞蹈、音乐等因素于一体的综合体育项目,通过鼓乐将武术和舞蹈有机地结合起来,对表演者的身体和精神来说,是一种极好的锻炼,对于观赏者来说,也是一种健康休闲、调节身心的方式。因此,舞狮运动是全民健身项目不可或缺的组成部分,更因其老少皆宜,深受人们喜爱。

第二节

场地、器材和装备

舞狮运动对场地、器材和装备有一定的要求。高质量的场地能够为运动提供安全保障，良好的器材和装备是运动参与者水平和技能得以发挥的必要保证。

良好的场地是开展舞狮运动的必备条件，也是初学者需要了解的内容。

规 格

（1）场地为边长 20 米的正方形；

（2）场地边线宽 0.05 米，边线周围至少设 1 米宽的无障碍区。

设 施

比赛在地毯上进行。

要 求

场地上空从地面量起，至少有 8 米的无障碍空间。

舞狮运动的器材有引球、狮头、狮身、高台和梅花桩等。

球体直径不少于 0.3 米，颜色、图案不限。

刘备狮

黄面、白眉、白长发，脑后绘有 3 枚金钱，表示资格老、慈祥、和善、武中寓文、不擅打斗、只攻心计。

关公狮

红面、黑眉、黑长发、青鼻紫角，脑后绘有双金钱，代表智勇双全、讲义气、忠肝义胆、浩气长存。

张飞狮

黑面、黑眉、黑短发、青鼻铁角、红眼，口多有獠牙两枚，脑后绘有单金钱，表示勇敢、粗犷、威猛、擅打斗，故亦称之为"门狮"。

狮身为包身覆盖，两狮颜色要有区别或有不同标志，狮身可相同。舞狮者衣裤应为狮子的肢体（即狮子的前后腿）服饰，要与狮毛的颜色一致，舞狮者的鞋应为狮爪形面覆盖。

表演台面高度最高不超过 3 米。

5 个立桩，最低为 0.8 米，最高为 1.6 米，桩上圆盘面直径不超过 0.38

米（含保护圈垫）。

装备

　　参加舞狮比赛，选手应穿具有特色的比赛服装，要求穿戴整洁。服饰款式、色彩均需与狮头、狮身相协调。伴奏队员、保护人员也都必须统一服装。

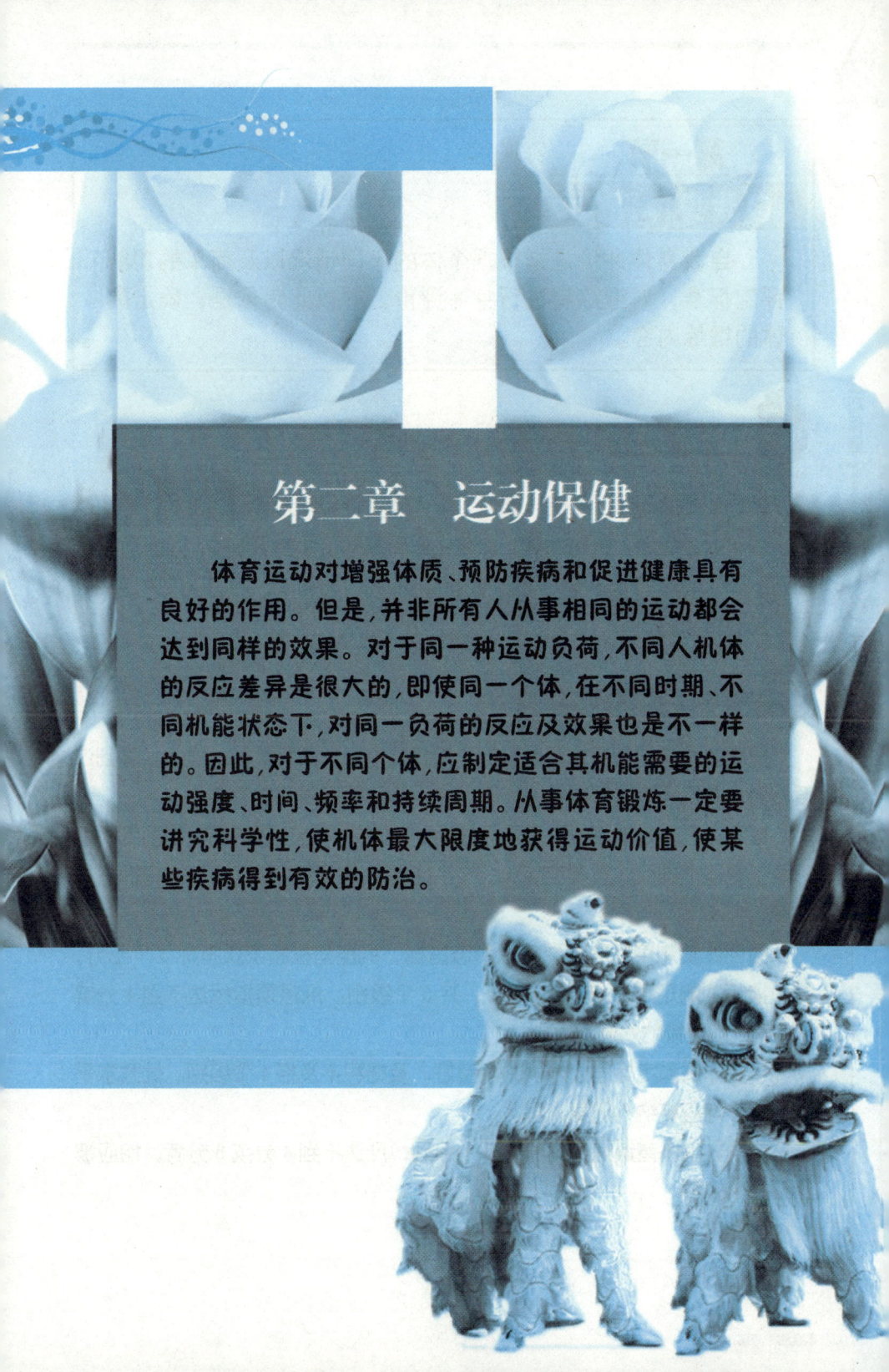

第二章　运动保健

　　体育运动对增强体质、预防疾病和促进健康具有良好的作用。但是，并非所有人从事相同的运动都会达到同样的效果。对于同一种运动负荷，不同人机体的反应差异是很大的，即使同一个体，在不同时期、不同机能状态下，对同一负荷的反应及效果也是不一样的。因此，对于不同个体，应制定适合其机能需要的运动强度、时间、频率和持续周期。从事体育锻炼一定要讲究科学性，使机体最大限度地获得运动价值，使某些疾病得到有效的防治。

第一节

自我身体评价

自我身体评价是指根据个体的不同情况以及简单的功能评定标准，对锻炼者进行身体评价，并以此为依据，确定具体的锻炼内容。

适宜人群

体适能是全身适应性的一部分，是人体精神和体力对现代生活的适应能力。为了促进健康，预防疾病，提高生活质量和工作学习效率，几乎所有人都可以追求健康的体适能，而且经过简单的评价和测试，均可以成为目标人群，即适宜人群。

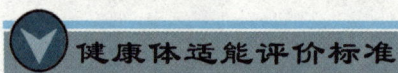

健康体适能评价标准

健康体适能是指身体有足够的活力和精力处理日常事务，而不会感到过度疲劳，并且还有足够的精力去享受休闲活动和应对突发事件。

健康体适能是确定锻炼者是否为运动适宜人群的主要依据。目前的评价标准主要包括国民体质测定标准、学生体质测定标准和普通人群体育锻炼标准等。

国民体质测定标准主要包括形态指标、机能指标和素质指标 3 个部分，各项指标的测定结果均为 1～5 分，共 5 个级别。凡各项指标达不到 4 分或 5 分者，均应被纳入健身人群。

学生体质测定标准分为优秀、良好、及格和不及格 4 个级别。优秀水平以下者，均应被纳入健身人群。

普通人群体育锻炼标准分为 5 个级别，凡达不到 4 分或 5 分者，均应被纳入健身人群。

简易运动功能评定

简易运动功能评定的目的在于确定运动对象有无运动禁忌症或临时运动禁忌的情况，即是否适合参加体育锻炼，以达到防备万一，避免意外事故发生的目的。目前通行的方式是 3 分钟踏台阶测试。

目的

测试锻炼者运动后心率恢复的情况，以评估其心肺功能。

器材　见图 2-1-1

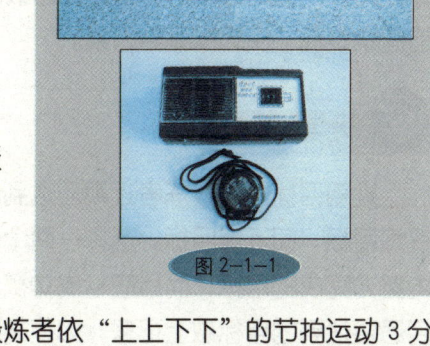
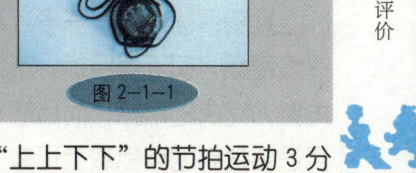

30 厘米高的长凳、节拍器、秒表和时钟。

图 2-1-1

步骤　见表 2-1-1

（1）节拍器设定为每分钟 96 次，锻炼者依"上上下下"的节拍运动 3 分钟。

（2）锻炼者完成 3 分钟踏台阶后，5 秒钟内开始测量其脉搏，时间为 1 分钟，记录其心率，并依据下表评价其功能水平。

（3）运动后心率越低，证明其心肺功能越好。在运动强度允许的范围内，锻炼者可选择运动强度的较高值来进行运动。

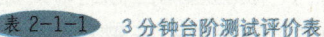
表 2-1-1　3 分钟台阶测试评价表

	年龄（岁）	欠佳（次）	尚可（次）	一般（次）	良好（次）	优异（次）
男士	18~25	>115	105~114	98~104	89~97	<88
	26~35	>117	107~116	98~106	89~97	<88
	36~45	>119	112~118	103~111	95~102	<94
	46~55	>122	116~121	104~115	97~103	<96
	56~65	>119	112~118	102~111	98~101	<97
	65+	>120	114~119	103~113	96~102	<95
女士	18~25	>125	117~124	107~116	98~106	<97
	26~35	>128	119~127	111~118	98~110	<97
	36~45	>128	118~127	110~117	102~109	<101
	46~55	>127	121~126	114~120	103~113	<102
	56~65	>128	118~127	112~117	104~111	<103
	65+	>128	122~127	115~121	101~114	<100

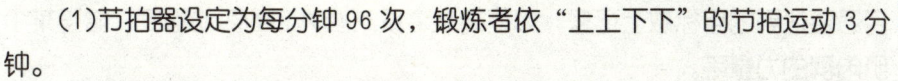
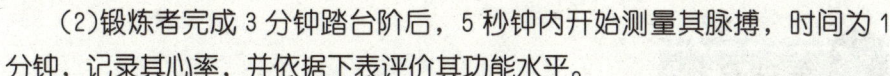

如受试者经过努力仍无法完成测试，或出现头晕、胸闷、出冷汗等症状，应终止测试。运动中应特别考虑运动强度，以防出现意外。

锻炼目标

锻炼目标应根据个体不同的身体状况来确定，可分为近期目标和远期目标。此外，确定锻炼目标还应结合锻炼者的运动意向、愿望和兴趣以及本人的健康状况、疾病程度等因素。

近期目标

近期目标是指锻炼者近期应达到的目标。在进行运动之前，应首先明确锻炼目标，即近期目标。选择一两个健康体适能构成要素，作为未来两个月内努力完成的目标，而且应从成功概率较高的构成要素开始，并将预期两个月后要达到的目标做上记号，如提高某个或某些关节的活动幅度，增强某个肌肉群的力量等。

远期目标

远期目标是指锻炼者最终要达到的目标。实践证明，经过科学合理的锻炼后，锻炼者是可以达到一般的远期目标的，如提高心肺功能，使其达到优秀的等级，或达到降血脂、防治高血压和冠心病的目的等。

运动负荷

运动负荷即运动量。怎样控制运动量，合适的运动时间是多少等，一直是人们争论不休的问题。但有一点是可以肯定的，那就是任何有关身体活动的意见和建议，都需要综合考虑锻炼者的身体状况和所要达到的目标，并以此为依据来制订科学的身体锻炼计划。

 运动强度

运动过程中，运动强度过小，达不到锻炼的效果；运动强度过大，不仅达不到最佳的锻炼效果，还可能产生一些副作用，甚至出现意外事故。确定运动强度有两种方法。

心率简易推测法

（1）年龄在 20 岁左右的年轻人，身体健康，能坚持体育锻炼，欲进一步提高身体机能，可取最大心率值（最大心率值 =220－年龄）的 65%～85%。

（2）年龄在 45 岁以下，身体基本健康，有运动习惯者，开始进行健身锻炼，可取最大心率值的 65%～80%，没有运动习惯者，开始进行健身锻炼，可取最大心率值的 60%～75%。

（3）年龄在 45 岁以上，身体基本健康，有运动习惯者，开始进行健身锻炼，可取最大心率值的 60%～75%，没有运动习惯者，建议根据自身情况咨询专业人员来指导和确定运动强度。

主观感觉疲劳分级表推测法　见表 2-1-2

运动的疲劳程度大致分为 10 级，具体为：0～1 级，没感觉；2～3 级，尚轻松；4～5 级，稍累；6～7 级，累；8～9 级，很累；10 级，精疲力竭。因此，健身锻炼的运动强度应控制在主观感觉疲劳程度的 4～7 级。

表 2-1-2　主观感觉疲劳分级表

0 轻松	•	2 尚轻松	•	4 稍累	•	6 累	•	8 很累	•	10 精疲力竭

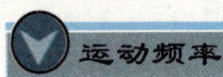 运动频率

运动频率是指每日及每周锻炼的次数。一般每周锻炼 3～4 次，即隔日锻炼 1 次即可。有充足的休息时间，可使身体得到充分的休息，收到更好的锻炼效果。

 运动持续时间

运动强度和运动持续时间，决定了一次锻炼的运动量和热量消耗。运动持续时间与运动强度成反比，运动强度大，运动持续时间可相应缩短，运动强度小，则运动持续时间应相应延长。

一般的健身锻炼，运动持续时间以每天 20～60 分钟为宜，其中包括准备活动时间、健身锻炼时间和整理活动时间。每次健身锻炼应在 20 分钟以上，锻炼可一次性完成，也可分段进行，但每段的活动时间应在 10 分钟以上。

运
动
保
健

第二节

运动价值

运动价值一直是人们探讨的问题，一般认为运动具有两方面的价值，即健身价值和心理价值。身体和精神的健康是相互依存的，伴随着身体功能的改善，精神状况逐渐也能同时得到改善。

 健身价值 ◆◆◆◆◆◆◆◆◆

健身价值在于提高体适能。体适能包括心肺耐力素质、肌肉力量素质、柔韧性素质和身体成分等。体适能的发展是积极从事锻炼的结果，只有规律性的体育锻炼才能达到最佳的体适能。

提高心肺耐力素质

心肺耐力是指全身肌肉进行长时间运动的持久能力，是体内心肺系统对身体各细胞的供氧能力。人体的心脏、肺、血管、血液等组织的功能是心肺耐力的基础，它们与氧气和营养物质的输送以及代谢物的清除有关。健全的心肺功能是健康的基本保证。

系统的体育锻炼，可以使心肌增厚，收缩力加强，心室容积增大，从而使心脏的泵血功能增强，表现为心血输出量增加。

系统的体育锻炼，呼吸系统机能也将得到提高，表现为呼吸肌的力量增强，肺活量、肺通气量明显增加，保证对机体供氧的能力。

系统的体育锻炼，可以促进血管系统的形态、机能和调节能力产生良好的适应力，从而提高机体的工作能力。

系统的体育锻炼，可以使血液系统产生某些适应性变化，如血容量增加、血黏度下降、红细胞膜弹性增强和红细胞变形能力增强等。

 提高肌肉力量素质

肌肉力量是指肌肉最大收缩产生的对抗阻力或负荷的能力。肌肉力量只有达到一定的程度，才能克服外界阻力，而克服外界阻力是维持日常生活自理、从事各种劳动和运动的必要前提。

系统的体育锻炼，可以提高肌肉的生理横断面积，可以改善神经系统对肌肉收缩的支配功能，还可以提高肌肉内代谢物质的储备量，使肌肉力量得到提高。

 提高柔韧性素质

柔韧性是指人体各关节的活动幅度，即关节的肌肉、肌腱和韧带等软组织的伸展能力。柔韧性对于保证正常生活质量、维持正常体态、预防损伤发生和减轻损伤程度等方面均起到至关重要的作用。

系统的体育锻炼，还可以延缓因年龄因素而导致的柔韧性下降，预防因缺乏运动而导致的关节结构、周围软组织和膝关节肌肉退化，从而使锻炼者

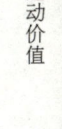

的日常生活、劳动和运动等更加充满活力。

改善身体成分

身体成分是指人体体重中的脂肪组织和去脂组织的重量百分比。身体成分中的脂肪成分增加，肌肉成分必然下降。身体中不具备收缩功能的脂肪组织增加，必然导致身体进行各种活动的能力下降，基础代谢水平降低，肥胖症、冠心病、高血压、糖尿病、高血脂等慢性疾病发病率的提高。因此，身体成分是保证人体健康的重要内容之一。

通过系统的体育锻炼，随着锻炼者体质的增强，热量消耗便随之增加，进而燃烧掉体内多余的脂肪，使身体成分得到改善。而身体成分的改善，又可以减少体重对关节可能带来的不利影响，还可以使肥胖者的心理状况得到改善，增强其自信心，使其逐步建立起健康的生活方式。

研究证明，有规律的体育锻炼不但可以使锻炼者增强体质、促进身体健康、预防一些慢性疾病，还可以提高锻炼者的生活满意度和生活质量，对其心理健康产生积极影响。

体育锻炼的心理健康效应主要表现在六个方面：

改善情绪状态

❋ 短期效应

研究发现，体育锻炼对人的情绪状态具有显著的短期效应。运动后人们的焦虑、抑郁、紧张和心理紊乱等症状会明显减轻，而精力和愉快程度则会明显增强。而且这种情绪的迅速变化，与锻炼者个体的健康状况、活动形式和活动强度等有着直接的联系。

❋ 长期效应

体育锻炼对人情绪的长期效应有着直接的影响，与不锻炼者相比，有规律的锻炼者在较长时期内很少会产生焦虑、抑郁、紧张和心理紊乱等情绪。

运动保健

完善个性行为特征 见表2-2-1

　　人们的行为特征一般可以分为两种类型，用 A 型行为特征和 B 型行为特征来表示。A 型行为特征主要表现为性情急躁、争强好胜、容易激动、整天忙碌和做事效率高等。B 型行为特征主要表现为不好竞争、不易紧张、不赶时间、对人随和、喜欢自由自在等。具有 A 型行为特征的人由于过度紧张的情绪反应，会引起内分泌失调，增加心脏病发病的概率。目前的一些研究主要集中在体育锻炼对改变 A 型行为特征的作用方面。研究结果表明，有规律的体育锻炼能明显改变 A 型行为特征。

 A、B型个性行为特征常见表现

A型行为特征者常见表现	B型行为特征者常见表现
约会从来不迟到	对约会很随便
竞争意识很强	竞争意识不强
别人要讲话时总爱抢先或插话	是别人讲话时很好的听众
总是匆匆忙忙	即使有压力也从不匆忙
等待时缺乏耐心	能够耐心等待
干事时全力以赴	处事漫不经心
同时想干很多事	在一段时间里只干一件事情
讲话喜欢用加强语气，甚至敲桌子	讲话语速缓慢、不慌不忙
做了好事希望能得到别人的认可	只要自己满意即可，不管别人怎样想
吃饭、走路都很快	做事情很慢
不善与人相处	为人随和
容易暴露自己的感情	能控制自己的感情
具有广泛的兴趣	没什么业余爱好
雄心壮志	满足于目前的工作和学习状况

 确立良好自我概念

　　自我概念是指个体对自己身体、思想和情感的主观整体评价，它由许多自我认识组成，包括我是什么人、我主张什么和我喜欢什么等。

　　坚持体育锻炼，可以使锻炼者体格强健、精力充沛、提高驾驭身体的能力，从而改善对自身的满意程度，确立良好的自我概念。

 改变睡眠模式

根据脑电图的显示，人的睡眠可以分为两种状态，即慢波睡眠状态和快波睡眠状态。前者为浅度睡眠状态，后者为深度睡眠状态。一夜之间两种睡眠状态会交替发生 4～5 次。

有规律的体育锻炼不仅对慢波睡眠有促进作用，而且能缩短入眠的潜伏期，并延长睡眠的时间。

 改善认知能力

体育锻炼还能改善人的认知过程，避免反应时间过长、注意力不集中和思维混乱等症状的发生，尤其对老年人的认知能力改善效果更为明显。

 增加心理治疗效应

体育锻炼被公认为是一种心理治疗的好方法。目前人群中常见的心理疾患是抑郁症和焦虑症。研究发现，体育锻炼是治疗抑郁症的有效手段之一，抑郁症患者经过有规律的体育锻炼，抑郁症状能明显减轻。

体育锻炼还具有治疗焦虑症的作用，通过有规律的体育锻炼，可以使锻炼者的焦虑症状明显改善。

第三节

运动保护

在运动过程中，人体机能会随时发生变化。因此，应针对这种机能变化的特点来进行体育锻炼，也就是我们所说的运动保护。运动保护一般包括运动前准备、运动后放松和自我养护三个方面。

 **运动前准备**

准备活动是指在正式运动之前进行的有目的的身体练习。做好充分的

准备活动，可以缩短机体进入最佳状态的时间，同时还可以预防运动损伤的发生，为机体发挥最大的工作效率做好功能上的准备。

准备活动的作用

提高中枢神经系统兴奋状态

(1)使大脑反应速度加快，参加活动的运动中枢神经相互协调。

(2)为正式运动时生理机能达到适宜程度提前做好准备。

提高机体代谢水平

(1)准备活动可以使锻炼者体温升高，降低肌肉黏滞性，使肌肉的伸展性、柔韧性和弹性增强，从而有效预防运动损伤的发生。

(2)准备活动可以增强体内代谢酶的活性，使物质代谢水平提高，以保证运动时有较充分的能量供应。

克服内脏器官生理惰性

(1)准备活动可以提高心血管系统和呼吸系统的机能水平,使肺通气量及心血输出量增加。

(2)可以使心肌和骨骼肌的毛细血管扩张,使其工作肌获得更多的氧,从而克服内脏器官的生理惰性,使之尽快达到最佳状态。

增加皮肤毛细血管的血流量

准备活动可以使皮肤毛细血管的血流量增加，运动后毛细血管扩张，有利于散热，降低体温，有效防止开始正式活动时由于体温过高而影响运动能力。

准备活动要求

准备活动时间

(1)准备活动的时间可以根据运动项目的具体情况确定，一般以10～30分钟为宜。

(2)准备活动与正式运动的间隔时间，一般以不超过15分钟为宜，可以在做完准备活动后立刻进行正式运动。

运动保护

 准备活动强度

(1)准备活动的强度和量应较正式运动小，以免引起不必要的疲劳。

(2)准备活动的量可以由心率来决定，心率以100～120次／分为宜。

准备活动内容

一般性准备活动

一般性准备活动的内容多以伸展运动开始，然后进行一般性的跑步、徒手体操等活动。

下面介绍一套常用的一般性准备活动操，供锻炼者运动前使用。这套活动操主要包括头部运动、肩部运动、扩胸运动、体侧运动、体转运动、髋部运动和踢腿运动等。

头部运动

头部运动的动作方法（见图 2-3-1）：两手叉腰，两脚左右开立，做头部向前、向后、向左、向右，以及绕环运动。

图 2-3-1

运动保健

肩部运动

肩部运动的动作方法（见图 2-3-2）：手扶肩部，屈臂向前、向后绕环，以及直臂绕环。

扩胸运动

扩胸运动的动作方法（见图 2-3-3）：屈臂向后振动及直臂向后振动。

体侧运动

体侧运动的动作方法（见图 2-3-4）：两脚左右开立，一手叉腰，另一臂上举，并随上体向对侧振动。

体转运动

体转运动的动作方法（见图 2-3-5）：两脚左右开立，两臂体前屈，身体向左、向右有节奏地扭转。

髋部运动

髋部运动的动作方法（见图 2-3-6）：两脚左右开立，两手叉腰，髋关节放松，向左、向右 360 度旋转。

图 2-3-2

图 2-3-3

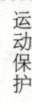

踢腿运动

踢腿运动的动作方法（见图 2-3-7）：两臂上举后振，同时一腿向后半步，重心置于前腿，两臂下摆后振，同时向前上方踢腿。

图 2-3-4

图 2-3-5

图 2-3-6

图 2-3-7

专门性准备活动

专门性准备活动的动作方法、节奏和强度等与正式锻炼相似，目的是使人体主要肌群在运动前得到动员，为正式锻炼做好准备。

运动后放松

运动后放松是指运动之后所进行的一些能够加速机体功能恢复的、较轻松的身体活动。与运动前准备活动相反，其目的是使锻炼者的生理机能水平逐步得到恢复。

放松方法

运动性手段

（1）运动结束后，锻炼者可采用变换运动部位的方法来消除疲劳，如上肢出现疲劳时可做一些慢跑运动，下肢出现疲劳时可做一些上肢运动。

（2）转换运动类型也是一种不错的放松方法，如打羽毛球出现疲劳时，可从事瑜伽运动来达到放松的目的。

（3）还可以用调整运动强度的方法来缓解疲劳，如可以在放松过程中，采用小强度的轻微运动方法等。

整理活动　见图2-3-8

（1）整理活动是指运动后所做的一些能够加速机体功能恢复的身体活动，如剧烈运动后进行3~5分钟慢跑或其他整理活动，使身体机能得以恢复。

（2）剧烈运动后如不做整理活动而骤然停止动作，会影响氧气的补充和静脉血的回流，使机体血压降低，引起不良反应。

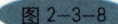

图 2-3-8

注意事项

（1）在进行整理活动时动作应缓慢、放松，运动量不要过大，否则会引起新的疲劳。

（2）在进行整理活动时，应当保持心情舒畅、精神愉快。

自我养护

锻炼后，锻炼者感觉身体疲劳是一种正常的生理现象，是体育锻炼过程中的正常反应，随着体育锻炼时间的延长，疲劳症状会自然消失。运动性疲劳出现后，锻炼者如果采用一些自我养护措施，可以加速身体机能的恢复，尽快消除疲劳，提高锻炼效果。常见的自我养护方法主要包括运动后休息、合理营养和物理手段等三种。

运动后休息

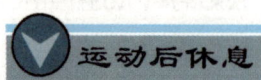 见图 2-3-9

（1）静止性休息是指锻炼者运动后保持机体相对的静止状态，以促进身体机能的恢复，尽快消除疲劳。

（2）静止性休息的最佳方式之一是睡眠，特别是刚开始从事锻炼者，身体不适应或疲劳症状明显时，更应该保证足够的睡眠，否则，锻炼者虽然积极参加了体育锻炼，但收效甚微，甚至会导致过度疲劳症状的发生。

（3）静止性休息更适合于消除全身运动导致的整体疲劳症状。

图 2-3-9

积极性休息 见图 2-3-10

（1）积极性休息更适合由于少量肌肉群参与工作而导致的局部疲劳，或运动强度较大而导致的快速疲劳。

（2）积极性休息可以加速血液循环，有利于代谢物排出体外，对促进身体机能的恢复具有明显的效果。

图 2-3-10

运动保护

 合理营养 见图 2-3-11

图 2-3-11

小强度、长时间的运动形式，主要是靠糖原的有氧代谢提供能量。运动后应及时补充淀粉类食物，如面粉、大米等，以促进消耗糖原的合成。随着人民生活水平的提高，在饮食结构中，肉类食品的比重不断增加，而淀粉类食品的比重逐渐减少，这一现象应当引起人们的注意，特别是老年人参加体育锻炼，更应注意对淀粉类食物的补充。

强度较大、时间又相对较长的运动形式，主要是靠糖原的无氧代谢提供能量。这样，糖原无氧代谢产物——乳酸便会在体内大量堆积。因此，运动后应多补充蔬菜、水果等碱性食品，以加速乳酸的清除，达到尽快消除疲劳的目的。

物理手段

 按摩及牵拉 见图 2-3-12

(1)通过刺激神经末梢、皮肤结缔组织和毛细血管的按摩方法，可以使紧张的肌肉得以放松，从而改善局部组织和全身的血液循环，达到促进身体机能恢复的目的，这种方法可以在锻炼后马上进行。

(2)此外，还可以采取缓慢牵拉肌肉的方法，使收缩的肌肉得到充分的伸展放松。

水疗及电疗

(1)水疗包括芬兰式蒸汽浴、热水浴和桑拿浴等多种形式，主要作用是通过提高体温，促进血液循环，清除代谢物，以达到尽快消除疲劳、恢复体力的目的。

(2)水疗的时间一般以不超过 30 分钟为宜，如果时间过长，会进一步消耗体力，严重时甚至会出现暂时性脑缺血现象。

（3）如果条件允许，还可对疲劳的肌肉进行低频治疗。低频治疗仪的原理是模拟针灸疗法，使用时将电极用不干胶对称地粘贴在运动部位表皮上。这种疗法可以促进局部血液循环，改善组织代谢，缓解肌肉酸痛，消除疲劳。

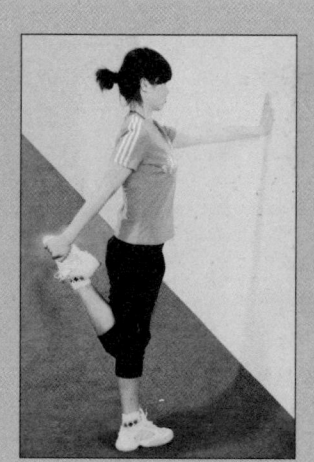

图 2-3-12

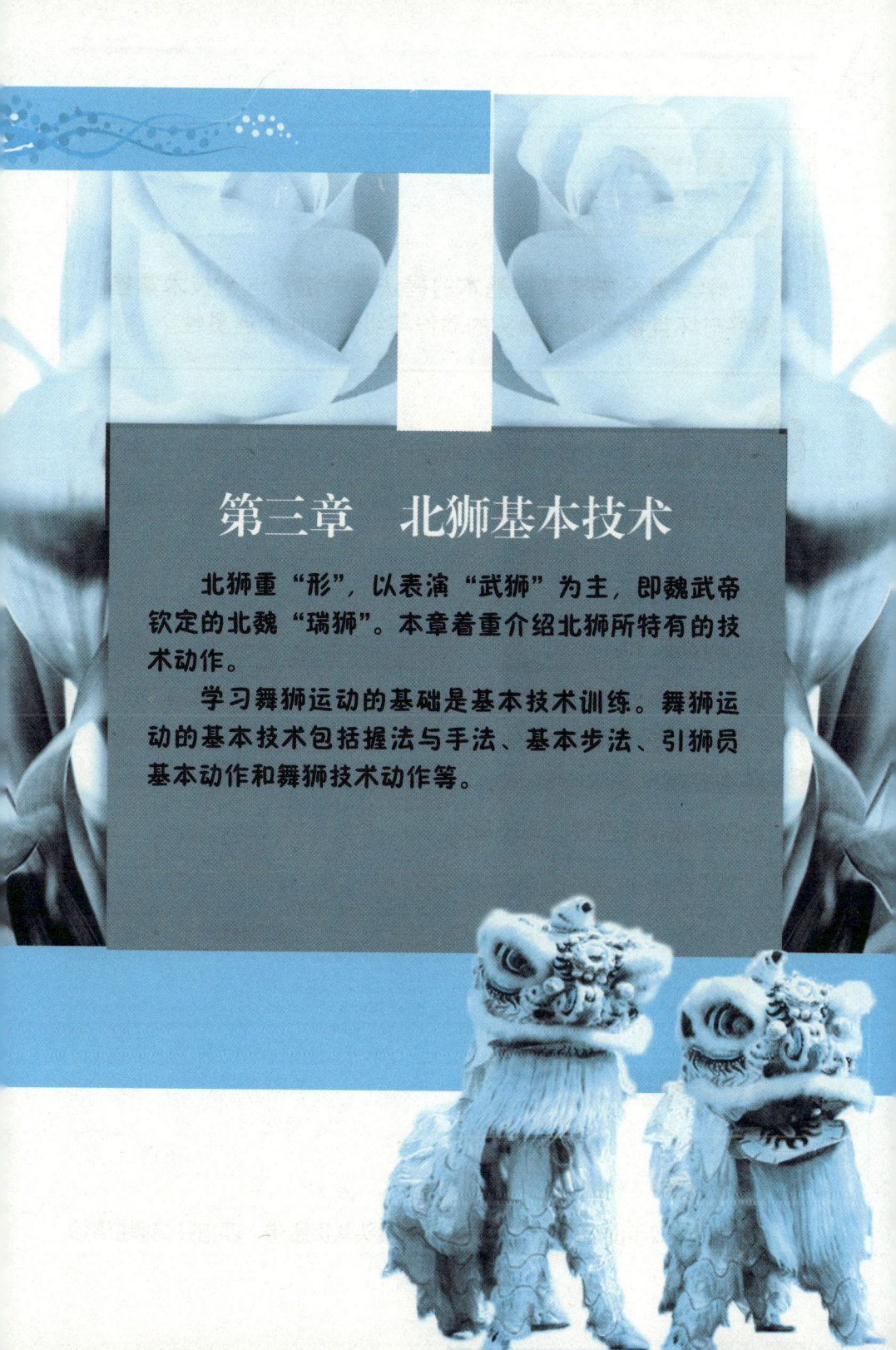

第三章　北狮基本技术

北狮重"形"，以表演"武狮"为主，即魏武帝钦定的北魏"瑞狮"。本章着重介绍北狮所特有的技术动作。

学习舞狮运动的基础是基本技术训练。舞狮运动的基本技术包括握法与手法、基本步法、引狮员基本动作和舞狮技术动作等。

第一节
握法与手法

　　学习舞狮先要掌握基本的握法与手法，这个技术掌握得好与坏直接影响到狮头的动作与组合动作的连贯性。

握法包括狮头握法和狮尾握法。

狮头握法

 **动作方法** 见图3-1-1

　　两手紧握头圈嘴巴下摆的关节处，以便于控制嘴巴张合。

技术要点

　　把狮头握得更合理，适于每个动作的衔接。

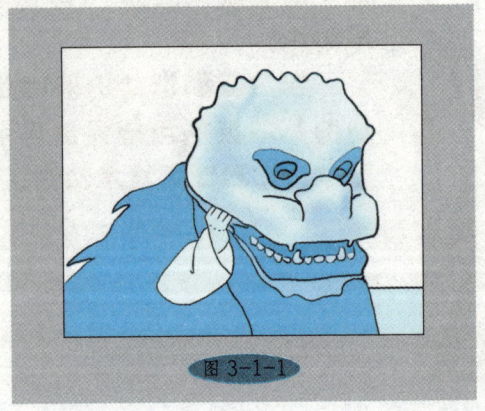

图3-1-1

狮尾握法

双手扶位

动作方法 见图3-1-2

　　狮尾队员双手虎口朝上，大拇指插入狮头队员腰带，四指并拢握拉狮头队员腰带。

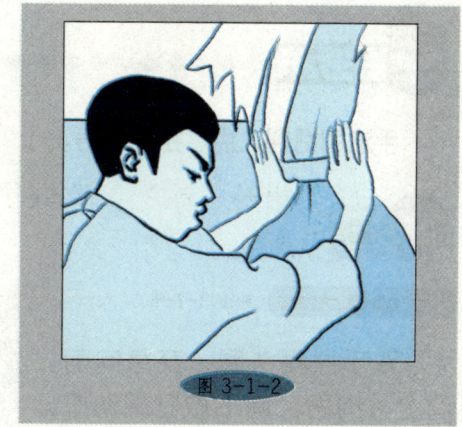

图 3-1-2

单手扶位

动作方法 见图 3-1-3

狮尾队员单手扶拉狮头队员腰带，另一手扶拉狮被。

技术要点

抓紧同伴，以便于更好地完成动作。

图 3-1-3

脱手扶位

动作方法 见图 3-1-4

狮尾队员双手松开狮头队员腰带，扶拉狮被两侧下摆。

技术要点

与同伴动作要协调，使观众看到一头活灵活现的狮子。

图 3-1-4

手法

手法包括摇、点、摆、叼等。

摇

动作方法 见图 3-1-5

双手扶狮头圈，交替向前、向上、向后、向下做回旋动作，手的运动路线呈立圆。

技术要点

使狮头摆动，与狮身协调配合。

图 3-1-5

点

动作方法 见图 3-1-6

双手扶狮头圈，身体向右侧回旋，与地面的倾角呈 45 度，左右手上下交替运动。

技术要点

左侧动作与右侧动作相同，方向相反。

图 3-1-6

 摆

左摆

✿ 动作方法 见图 3-1-7

双手扶狮头圈，身体向右侧回旋，与地面的倾角呈45度，左右手上下交替运动。

✿ 技术要点

行走时右侧动作与左侧动作相同，方向相反。

图 3-1-7

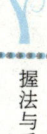

右摆

✿ 动作方法 见图 3-1-8

双手扶狮头圈，然后双手拉住狮头向右侧做预摆动作，腰臂齐发力，摆至于身体左侧，呈半马步，重心放置右腿。

✿ 技术要点

右侧动作与左侧动作相同，方向相反。

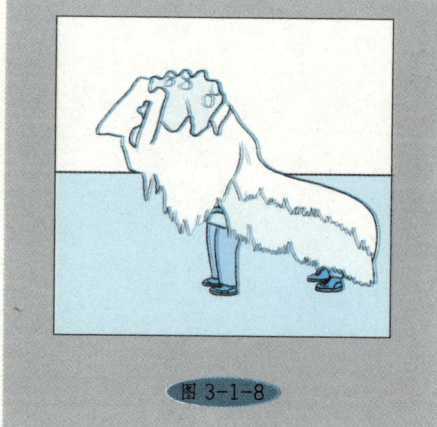

图 3-1-8

 叼

✿ 动作方法 见图 3-1-9

一手扶狮头圈，另一手用小臂托头圈，伸至狮嘴中央处拿绣球。

摆法与手法

技术要点

力求狮头动作更加惟妙惟肖。

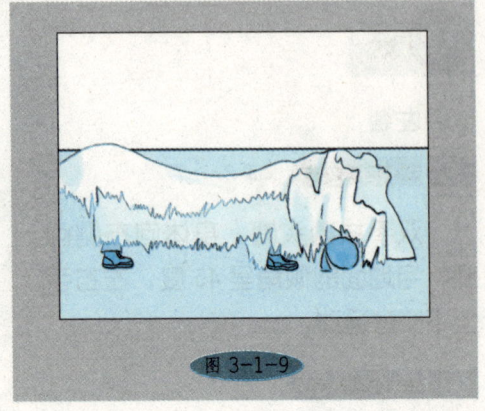

图 3-1-9

第二节

基本步法

　　步法的稳定与否直接影响到全身的平衡性与手法的配合。舞狮的基本步法包括行步、跑步、盖步、错步、碎步和颠步等。

 行步

动作方法 见图3-2-1

　　狮头、狮尾队员屈膝略蹲，迈步时狮头队员先迈左脚，狮尾队员同时迈右脚，节奏一致。

技术要点

　　重心要平稳，不可上下起伏。

图 3-2-1

 跑步

动作方法 见图3-2-2

　　从基本站立姿势开始，脚跟提起，前脚掌着地，左右脚交替跑步前移。

图 3-2-2

跑步要轻松协调，重心移动平稳，有良好的节奏；要尽量提高肌肉用力和交替放松的能力。

盖步

动作方法 见图3-2-3

（1）狮头队员向右移动，左脚经右脚前先向右跳扣步，同时右脚向右跳半步亮相；

（2）狮尾队员与狮头队员动作相同，向左盖步，动作相同，方向相反。

图3-2-3

技术要点

狮头与狮尾起跳动作要协调一致，同时到位。

错步

动作方法 见图3-2-4

狮头、狮尾队员向身后45度斜后方向，先左脚后右脚同时退步。

技术要点

转动身体、扭转头部与退步要协
调一致。

图 3-2-4

碎步

动作方法 见图 3-2-5

狮头、狮尾队员同时向左（或
右）小步平移，节奏要快速、一致。

技术要点

移步步幅要小、密，节奏要快。

图 3-2-5

 颠步

动作方法 见图 3-2-6

　　狮头、狮尾队员按顺（或逆）时针方向跳步行进，狮头队员迈左脚时，狮尾队员迈右脚，步法协调一致。

技术要点

　　狮头队员与狮尾队员协调配合。

图 3-2-6

第三节

引狮员动作

引狮员既是引导者又是表演者。舞狮表演是否生动、活泼、形象、逼真、顺畅、紧凑，全靠引狮员的指挥。通常引狮员以绣球来指挥狮子动作。

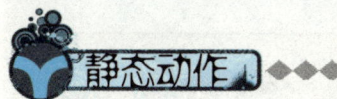 静态动作

静态动作是指引狮员的静止造型动作，包括弓步抱球、马步探球、仆步戏球、高虚步亮球、提膝亮球等。

 弓步抱球

动作方法 见图 3-3-1

（1）并步上举引狮球，左脚（或右脚）向左（或右）迈出一步，翻左脚（或右脚）屈膝，大腿接近水平，右脚（或左脚）挺膝伸直，脚尖略内扣；

（2）上体略向右转，双手（或单手）托住引狮球于身体左（或右侧）侧，略高于头，目视前方。

❋ 技术要点

(1)挺胸，直腰；

(2)弓步抱球造型与转头亮相同时完成，协调一致。

❋ 错误纠正

脚尖伸直无内扣。因此，应注意脚尖的动作。

图 3-3-1

 马步探球

❋ 动作方法 见图 3-3-2

(1)并步上举引狮球，左脚向左前方迈出呈半马步状；

(2)左手拿引狮球向左、向下、向右抡臂至身体左侧，手臂做小绕环动作，右手做相应的配合动作，目视引狮球。

▦ **技术要点**

半马步时大腿接近水平，挺胸，塌腰，沉髋。

▦ **错误纠正**

腿部没有蹲下去。因此，应使髋关节与上体保持直立。

图 3-3-2

▼ **仆步戏球**

▦ **动作方法** 见图 3-3-3

（1）并步上举引狮球，左脚（或右脚）向左侧（或右侧）迈出呈左仆步状（或右仆步）；

（2）右手（或左手）拿引狮球向下、向右划弧至右侧，手腕做小绕环动作，左手（或右手）做相应的配合动作，目视引狮球。

北狮基本技术

技术要点

挺胸，塌腰，沉髋。

错误纠正

狮头与引狮球配合协调不好。
因此，应狮头紧跟引狮球做摆动动
作。

图 3-3-3

 高虚步亮球

动作方法 见图 3-3-4

（1）并步上举引狮球，身体略
右转，右脚向右后侧撤一小步，站
直挺膝，同时左脚脚尖前点；

（2）右手拿引狮球上举于右侧，
左手按于左胯处，上体保持正直，
目视狮子。

技术要点

　　(1)挺胸，立腰，支撑腿伸直；

　　(2)上举球、高虚步与转头一气呵成。

错误纠正

　　引狮球上举高度不够。因此，应手臂直举引狮球，不要弯曲。

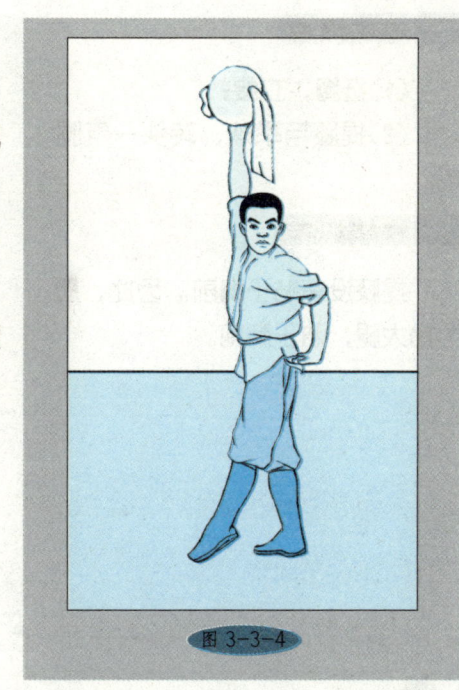

图 3-3-4

提膝亮球

动作方法　见图 3-3-5

　　(1)并步上举引狮球，身体略右转，右脚向右侧撤一小步震脚，站直提膝，同时，左脚脚尖绷直，上提膝至胸前；

　　(2)右手拿引狮球，经下、上，举于右侧头上方，左手按于左胯处，上体保持直立，目视狮子。

❋ 技术要点

(1)挺胸，立腰；

(2)提膝与举球、转头一气呵成。

❋ 错误纠正

提膝没有贴于胸前。因此，应上抬大腿，贴于胸前。

图3-3-5

动态动作是指引狮员在行进间的动作或跳跃动作，包括圆场步、旋风脚、踺子、后手翻、后空翻和鱼跃等。

❋ 圆场步

❋ 动作方法　见图3-3-6

(1)两腿略屈，两脚迅速连续向侧前方行步，每步大小略比肩宽，走弧形路线，目视引狮球；

(2)最后接弓步接球定势。

❈ 技术要点

（1）挺胸，塌腰，保持半蹲姿势，身体重心要平稳，不要有起伏现象；

（2）落地时，由脚跟迅速过渡到全脚掌，并注意转腰。

❈ 错误纠正

动作幅度大，呈跑步动作。因此，应注意两脚不能同时蹬离地面。

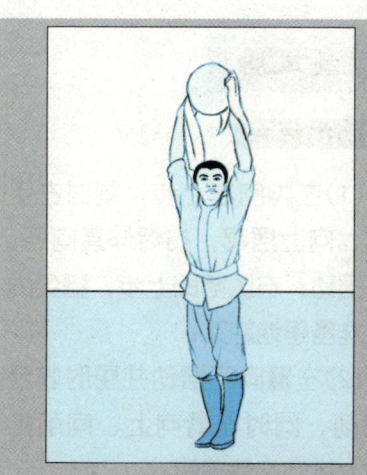

图 3-3-6

旋风脚

 动作方法 见图 3-3-7

（1）左脚向左上步，同时左手向前、向上摆起，右臂伸直向后、向下摆动，右腿随即上步，脚尖内扣，准备蹬地踏跳；

（2）左臂向下摆动并屈肘收至右胸前，同时左臂向上、向前抡摆，上体向左转前俯；

（3）重心右移，右腿屈膝蹲地跳起，左腿提起向左上方摆体旋转一周，右腿做里合腿，左手在面前迎击右掌；

（4）左腿自然下垂，下落接弓步探球。

**技术要点**

(1)右腿做里合腿时，要贴近身体，摆动时膝挺直，由外向里呈扇形；

(2)击响点要靠近面前，左腿外摆要舒展，并在击响的一刹间离地腾空；

(3)抡臂、踏跳、转体、里合右腿等环节要协调一致，身体的旋转不小于 270 度。

错误纠正

身体旋转小于 270 度。因此，应注意抡臂、踏跳、转体和里合右腿等环节要协调一致。

图 3-3-7

 踺子

动作方法 见图 3-3-8

(1)经助跑、趋步后，上体侧转、前压，两手体前依次撑地；

(2)随即两腿依次向后上方蹬摆，经倒立部位后推地，并腿后踹；

(3)当前脚掌蹬地后，急速带臂，低头含胸向外转体 90 度跳起，下落接弓步按掌。

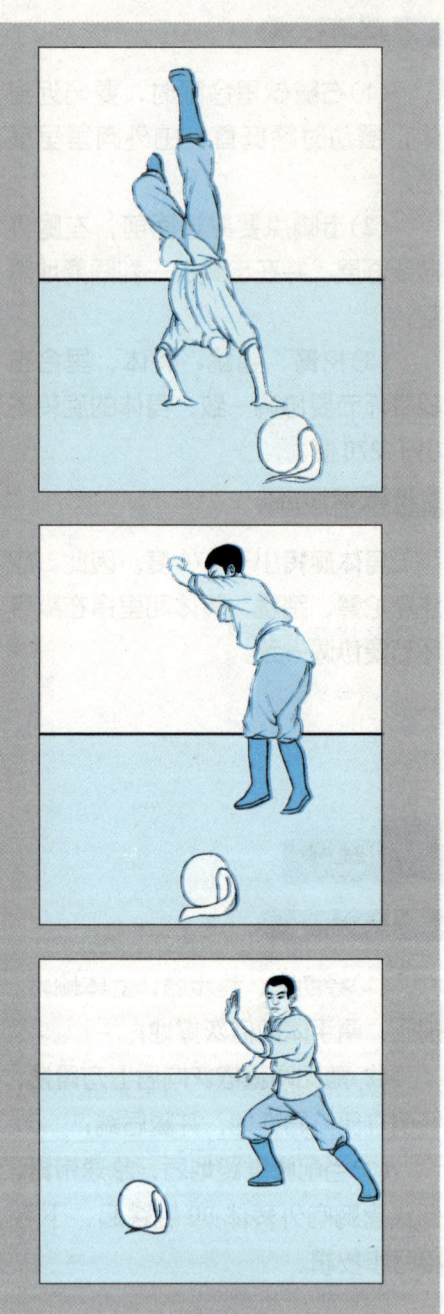

技术要点

（1）两脚摆过倒立部位后，用力推地，两腿快速向后下压，使身体与地面呈 45～55 度夹角；

（2）跳起时急速立腰，并低头、含胸、提气，两臂配合向前上方带；

（3）蹀子动作使舞狮表演更圆滑，更具表演性。

错误纠正

身体与地面角度过大，动作完不成。因此，应注意身体与地面呈45～55 度之间夹角跳起时，急速立腰。

图 3-3-8

后手翻

动作方法 见图 3-3-9

（1）"绷跳小翻"，由两臂前举站立开始，体略前屈，直膝，臀部后移，当失去重心时两脚蹬地，倒肩，两臂后甩，抬头挺胸，体后屈翻转；

（2）撑地经手倒立后，顶肩推手，屈髋，插腿，立腰起立，用于连续接做后手翻；

（3）"绷跳小翻"，开始时两腿弯曲，向后甩臂的同时，两脚蹬跳，在经过手倒立后，迅速顶肩推手，提腰，屈髋，两腿迅速下压；

（4）落地后，领臂跳起，用于连接空翻。

技术要点

（1）上体后倒，快速甩臂带动身体迅速后倒，用力蹬地，挑腰，顶髋，以保证动作的高质量，再进行翻转；

（2）手前伸撑地，经倒立顶肩，推手至站立抬上体。

错误纠正

蹬地、挑腰、顶髋动作不明显。因此，应注意快速甩臂带动身体迅速后倒，充分蹬地、挑腰、顶髋。

引狮员动作

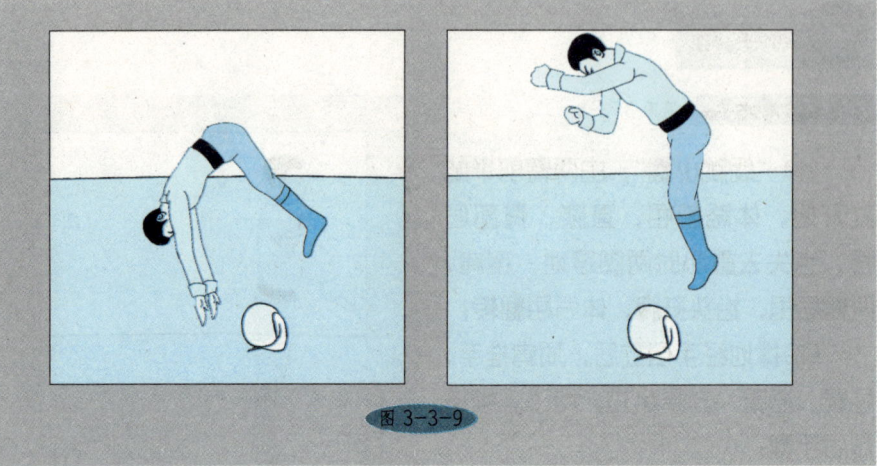

图 3-3-9

 后空翻

动作方法 见图 3-3-10

（1）站立开始，两臂预先后摆，经下向前上方带动，配合两腿屈膝，后蹬地跳起；

（2）腾空后提膝团身，抱腿向后翻转，至 3/4 周时，两臂上举，展体落地站立，接弓步按掌。

技术要点

（1）两臂积极向上带起，提肩，梗头，含胸，立腰；

（2）在跳起接近最高点时两臂立即制动，迅速提膝，团身翻臀，至胸朝下时，迅速撤腿伸展抬上体。

错误纠正

蹬地、挑腰、顶髋动作不明显。因此，应注意快速甩臂带动身体迅速后倒，充分蹬地、挑腰、顶髋。

图 3-3-10

 鱼跃

✿ 动作方法 见图 3-3-11

助跑，以单跳双落蹲地向前上方跃起，展体腾空后，撑地屈体前滚至背着地时，顺势屈膝抱腿呈蹲立，接弓步亮掌。

✿ 技术要点

(1)跳起后，眼看前下方，身体保持含胸和略屈髋姿势；

(2)屈臂缓冲，经肩、背、腰、臀依次着地；

(3)屈膝抱腿，紧跟上体滚翻起立。

✿ 错误纠正

身体含胸和屈髋姿势充分，屈膝抱腿不明显。因此，应注意眼看前下方，展体腾空后顺势屈膝抱腿呈蹲立。

图 3-3-11

第四节
北狮技术动作

北狮的造型酷似真狮，狮头较为简单，全身披金黄色毛。狮头上有红结者为雄狮，有绿结者为雌狮。北狮舞动是以扑、跌、翻、滚、跳跃、挠痒等动作为主，配乐方面，以京钹、京锣、京鼓为主，表演上较为接近杂耍。

基本技术 ◆◆◆◆◆◆◆◆

北狮基本技术包括亮相、卧式、高举（转体 90 度、180 度）、侧滚翻、金狮直立、金狮独立转体 180 度、舔、啃、挠和甩尾等。

亮相

 见图 3-4-1

狮头队员呈右（或左）马步，使狮头由右（或左）下向上、向左（或右）下摆头，同时狮尾队员做左（或右）仆步配合。

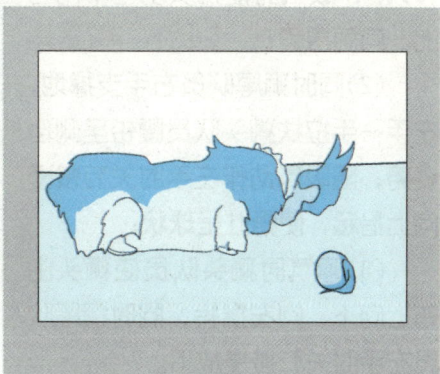

技术要点

狮头队员摆头与狮尾队员仆步配合要同时到位，动作整齐一致。

错误纠正

狮头队员摆头与狮尾队员仆步配合不一致。因此，应注意加强队员间的配合。

图 3-4-1

▼ 卧式

动作方法  见图 3-4-2

（1）狮头队员两腿开放，夹角呈 90 度，坐势，大小腿夹角呈 130 度，吸气时使狮头由左下向右上、向前摆转；

（2）同时狮尾队员右手支撑地，左手一手拉扶狮头队员腰带呈侧倒姿势，随吸气动作左手肘关节慢慢向上抬起，使狮肚呈球状；

（3）呼气时狮头队员使狮头由右上向下、向左摆转，同时狮尾队员左手肘关节慢慢放下。

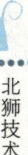

图 3-4-2

技术要点

呼气与吸气时狮头队员与狮尾队员动作要缓慢一致。

狮头队员与狮尾队员动作不一致。因此，应注意队员间呼气与吸气时动作要缓慢一致。

 高举

✤ **动作方法** 见图 3-4-3

（1）狮头队员原地震脚给信号，上跳，头略向后领，躯干与下肢呈"V"字形，两脚面绷平；

（2）狮尾队员在狮头队员原地上跳时借力上举，两臂伸直，向左或右转体 90 度或 180 度；

（3）下落时狮尾队员后撤步使狮头队员垂直下落，向左或向右摆头亮相。

✤ **技术要点**

头尾发力配合协调，动作舒展。

✤ **错误纠正**

转体不充分。因此，应头略向后领，躯干与下肢呈"Z"字形，两脚面绷平。

图 3-4-3

 侧滚翻

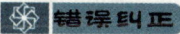 动作方法 见图 3-4-4

（1）狮头队员原地震脚给信号，狮头和狮尾队员同时向左（或向右）滚翻；

（2）狮头队员要先转狮头再滚翻，狮尾队员滚翻时单手抓狮囊。

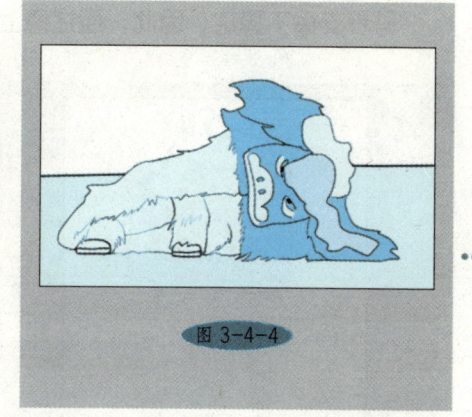

图 3-4-4

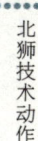

技术要点

狮头队员原地震脚时，震左脚则向左翻，震右脚则向右翻，头尾滚翻配合协调、整齐。

错误纠正

狮头与狮尾队员头尾滚翻配合不协调。因此，应注意加强队员间的配合。

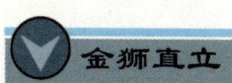 金狮直立

动作方法 见图 3-4-5

（1）狮头队员原地上跳，提膝，脚尖外展；

（2）同时狮尾队员借力上提，使狮头队员脚尖外侧顺自己的两肋下滑至大腿上，呈马步支撑。

❀ **技术要点**

起跳、上提要协调一致，马步支撑要平稳。

❀ **错误纠正**

马步支撑不稳定。因此，应注意上体与腿部支撑的角度适当。

图 3-4-5

▼ **金狮独立转体 180 度**

❀ **动作方法** 见图 3-4-6

（1）金狮直立动作后，狮头队员在狮尾队员腿上做单腿提膝动作，同时狮头左右上下晃动；

（2）狮头队员动作保持不变，狮尾队员以支撑腿跟为轴，带动狮头队员原地转体 180 度。

技术要点

（1）提膝脚面要平，马步支撑要稳定；

（2）狮头队员动作要稳，狮尾队员旋转要稳定，单腿支撑要稳固。

错误纠正

提膝脚面不平，马步支撑不稳定。因此，应注意上体与腿部支撑的角度适当。

图3-4-6

北狮技术动作

 舔

 **动作方法** 见图 3-4-7

（1）狮头队员半马步亮相，使狮头道具张嘴向前脚小腿、大腿、肋部三处自上而下分 3 次舔出；

（2）狮尾队员配合节奏左右晃动尾部。

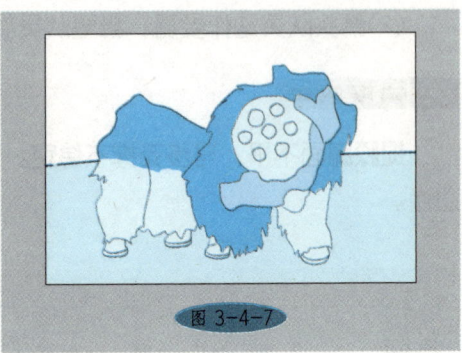

图 3-4-7

技术要点

每次舔出时，要使狮头先低头向里，再向下、向前弧形舔出。

错误纠正

狮头队员做舔的动作时，舔的动作不到位。因此，狮头队员应注意每次舔出时的动作方向。

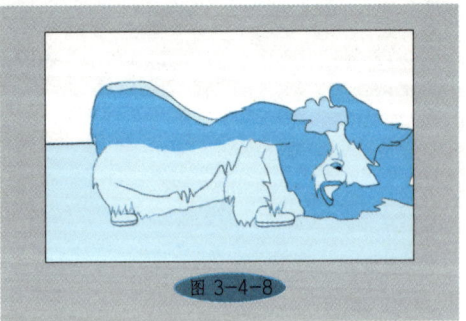 啃

动作方法 见图 3-4-8

（1）狮头队员半马步亮相，做完舔的动作后，把狮头自前腿甩至后腿方向，重心前移呈仆步，然后顺后腿脚面向上经大腿、肋部左右抖动上拉 6～8 次；

（2）狮尾队员同时也变仆步，配合节奏左右晃动尾部。

图 3-4-8

技术要点

狮头队员做啃的动作时，向上抖动幅度要小，节奏要快。

 **错误纠正**

狮头队员做啃的动作时，向上抖动幅度过大，节奏慢。因此，狮头队员应注意加强力度的控制。

 挠

 **动作方法** 见图3-4-9

狮头队员做完舔尾动作后，拧腰转头使狮头后脑向斜下方，待狮尾队员抬起一只脚放在脑后时，同时摇头晃脚4～6次。

图3-4-9

技术要点

头尾要协调一致。

错误纠正

狮头队员做完舔尾动作后，与狮尾队员的配合脱节。因此，应注意加强两人间的默契。

甩尾

动作方法 见图3-4-10

（1）狮头亮相（左脚在前），狮头队员向右后回摆狮头；

（2）然后向左后甩头，接右里合腿扣至左腿外侧，落地后转腰拧胯带动狮尾队员左腿上步、起跳腾空落至狮头队员身后，再次亮相。

技术要点

头尾用力衔接要协调一致。

错误纠正

两队员脚步混乱。因此，应注意慢动作练习，加强配合。

图 3-4-10

神态动作包括愣相、美相、惊相、怕相和急相等。

愣相

动作方法 见图 3-4-11

双手扶于头圈，拉狮头面向身体左侧做轻微预摆，然后由斜上 45 度方向摆至身体左侧。

 **技术要点**

动作幅度要适当。

错误纠正

预摆动作角度过小。因此，应注意适度加大预摆幅度。

图 3-4-11

 **美相**

动作方法 见图 3-4-12

双手扶于头圈，使狮头做上下回旋，表现开心愉快神态。

技术要点

身体需协调配合。

错误纠正

手握头圈太放松导致狮头掉地。因此，应注意加强左右手协调配合。

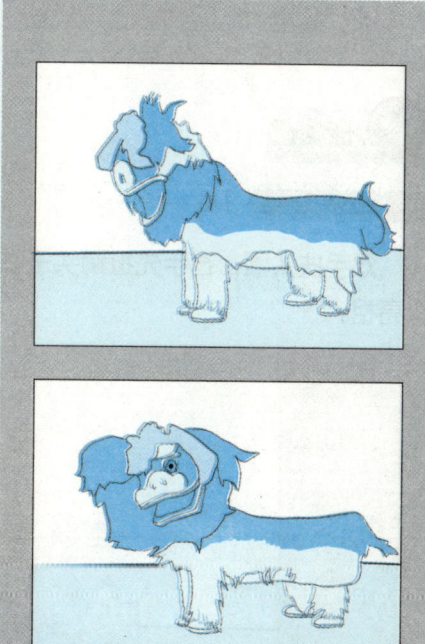

图 3-4-12

惊相

 动作方法 见图 3-4-13

双手扶头圈，右手先拉狮头于右肩侧，做受惊神态，然后顺势向左下摆头亮相。

技术要点

动作放松且协调配合。

错误纠正

手握头圈太松导致狮头掉地。因此，应注意加强左右手协调配合。

图 3-4-13

怕相

动作方法 见图 3-4-14

双手扶头圈，两手腕内收，提至狮嘴下，做害怕神态，边后退边向下做轻微回旋动作，然后由下至上将狮头慢慢抬起。

技术要点

上下肢协调配合，动作有力。

错误纠正

手握头圈太松导致狮头掉地。因此，应注意加强左右手协调配合。

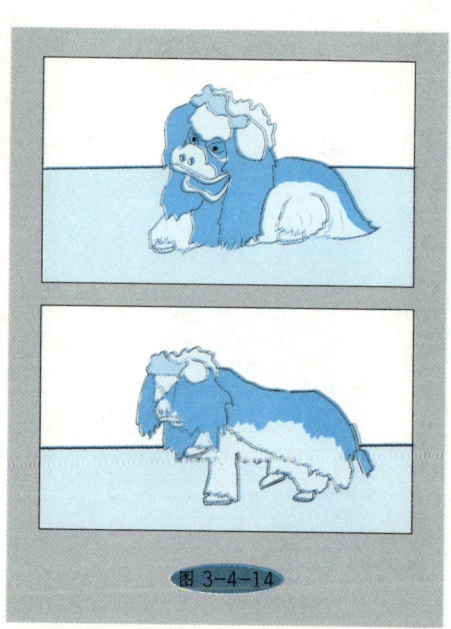

图 3-4-14

急相

 **动作方法** 见图 3-4-15

狮头队员双手扶头圈，做前后交替回拉动作，随之双脚与狮尾队员同时做急速震脚动作。

技术要点

做得不到引狮球而生气着急的神态，震脚动作要低、快。

错误纠正

手握头圈太松导致狮头掉地。因此，应注意加强左右手协调配合。

图 3-4-15

第四章　南狮基本技术

南狮重"意"，以表演"文狮"为主，讲究桥马，善于表现抽象传神。南狮的舞动造型很多，舞者通过不同的马步，配合狮头动作把各种造型抽象地表现出来。故此南狮讲究的是神似。

第一节

基本握法

　　舞南狮的基本握法是整体动作的基础。包括狮头的基本握法，狮尾的基本握法。

狮头的基本握法 ◆◆◆◆◆◆◆◆◆◆

　　狮头的基本握法包括单阴手、单阳手、双阴手、双阳手、开口式和合口式等。

单阴手

动作方法 见图 4-1-1

　　(1)以大拇指托狮舌，其余四指在狮舌上方，手背朝上；

　　(2)一手握狮舌中间或一侧部位，另一手握在根耳的引动绳，两手小臂托顶着两条横木。

技术要点

　　拇指托狮舌，四指在上方，注意两手臂要托顶两横木。

错误纠正

　　手指协调用力不统一。因此，应注意加强手指关节练习。

图 4-1-1

单阳手

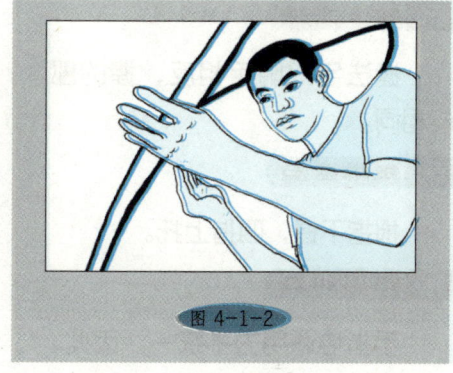

图 4-1-2

动作方法 见图 4-1-2

握法与单阴手相反，其余与单阴手相同。

技术要点

拇指下握，四指上托。

错误纠正

手指协调用力不统一。因此，应注意加强手指关节练习。

双阴手

图 4-1-3

动作方法 见图 4-1-3

握法与单阴手相同，但两手握于狮舌两侧头角处部位。

技术要点

拇指托狮舌，四指在上方，注意两手臂要托顶两横木。

错误纠正

手指协调用力不统一。因此，应注意加强手指关节练习。

基本握法

 双阳手

动作方法 见图 4-1-4

握法与双阴手相反，握的部位相同。

技术要点

拇指下握，四指上托。

错误纠正

手指协调用力不统一。因此，应注意加强手指关节练习。

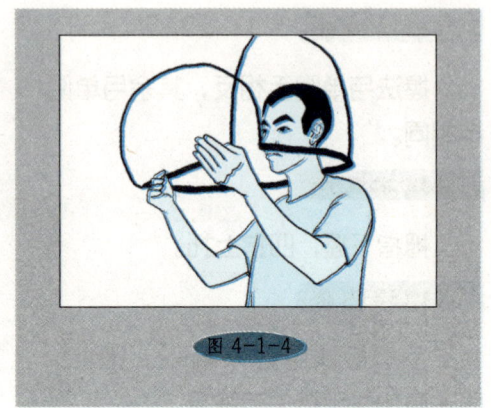

图 4-1-4

 开口式

动作方法 见图 4-1-5

多用于舞中架、下架狮时，根据狮神态的需要，确定张开口的角度大小及狮舌动的程度。

技术要点

根据狮子此时神态的变化，掌握狮子开口角度的大小。

图 4-1-5

错误纠正

狮头开口过大或过小。因此，应注意根据神态的需要，确定开口大小。

▼ 合口式

动作方法 见图 4-1-6

一般用于舞高架狮时，在狮喜或做擦、提等动作时可用合口式。

图 4-1-6

技术要点

根据狮子此时神态的变化需要，表现狮子的表情。

错误纠正

合口不紧。因此，应注意根据神态的需要，确定合口大小。

狮尾的基本握法

狮尾的基本握法包括单手握法、双手握法和摆尾等。

▼ 单手握法

✲ 动作方法 见图 4-1-7

一手大拇指插入狮头队员腰侧的腰带，虎口握腰带，令四指轻抓狮头队员的腰带部位，另一手可做摆尾、摆背等动作。

✲ 技术要点

大拇指插入狮头队员腰带，虎口握腰带，四指轻抓其腰带部位。

✲ 错误纠正

手指钩腰带。因此，应注意虎口握腰带，令四指轻抓舞狮头者的腰带部位。

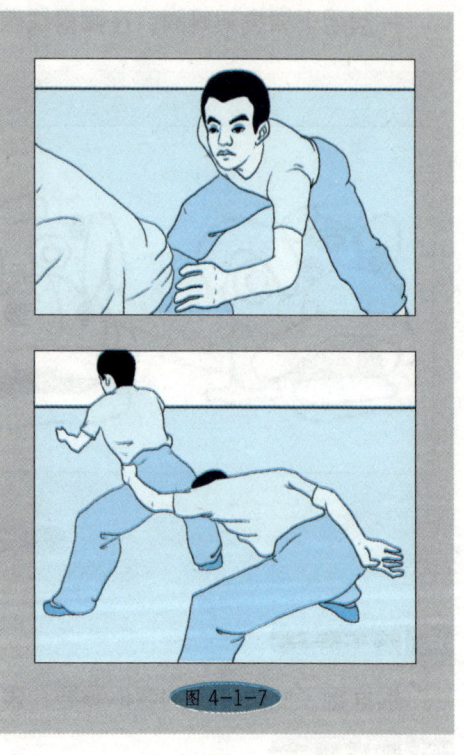

图 4-1-7

双手握法

动作方法 见图 4-1-8

双手同时用单手握法与狮头队员配合，做各种动作时则必须用力紧握。

技术要点

两手大拇指插入狮头队员腰带，虎口握腰带，四指轻抓其腰带部位。

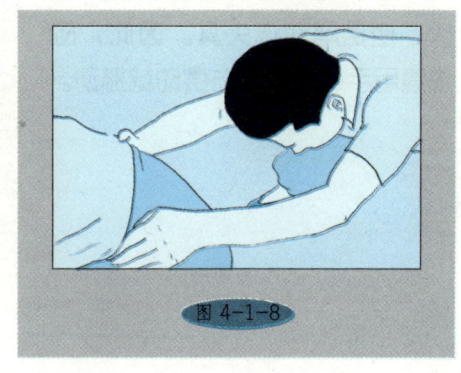

图 4-1-8

错误纠正

手指钩腰带。因此，应注意虎口握腰带，令四指轻抓狮头队员的腰带部。

摆尾

动作方法 见图 4-1-9

根据狮神态、动作，可用手摆动或用臀部挪动。

技术要点

根据狮子的表情和神态的需要，用手或臀部摆动狮尾。

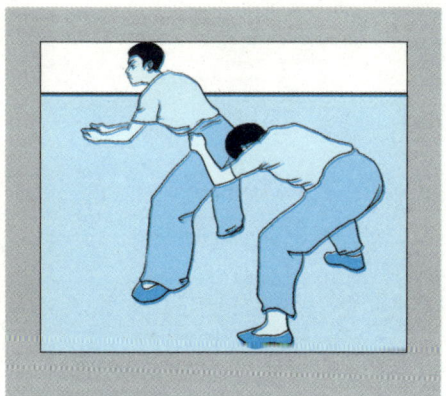

基本握法

错误纠正

由于理解错误使臀部上下起伏，使摆尾动作失真。因此，应注意用手或臀部左右摆动或挪动。

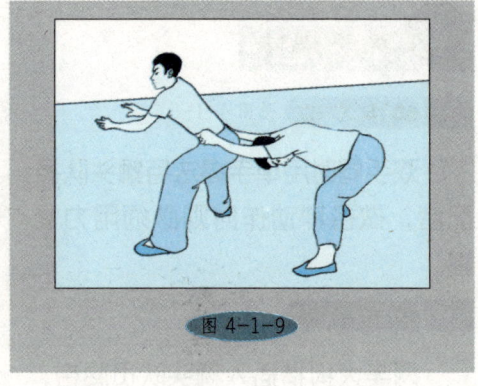

图 4-1-9

第二节

基本步法

基本步法包括行礼步、两移步、大四平步、弓步、开合步、仆步(铲步)、麒麟步、跪步、虚步、吊步、小跑步、插步、跃步、探步、金鸡独立步和小步跳(跳步)等。

行礼步

🌸 **动作方法** 见图 4-2-1

从基本步站立姿式开始，以左为例，两脚用力蹬地向上跃起，在中线落地，重心在右腿，呈左虚步。

图 4-2-1

🌸 **技术要点**

右虚步与左虚步相同，方向相反。

🌸 **错误纠正**

落地后支撑腿太紧张，无屈伸。因此，应注意学会协调紧张与放松。

▼ **两移步**

※ **动作方法** 见图 4-2-2

从基本站立姿势开始，上体不动，左右脚交替前移约一脚距离。

※ **技术要点**

左右脚交替前移约一脚掌距离。

※ **错误纠正**

重心转移太快，导致摔倒。因此，应注意左右脚交替前移距离适度。

图 4-2-2

大四平步

动作方法 见图 4-2-3

　　两脚左右开立宽于肩，两腿弯曲，两大腿呈水平，上体正直，收腹，挺胸。

技术要点

　　两脚左右开立略宽于肩，双腿弯曲。小腿与地面垂直，大腿与小腿垂直（与地面平行），上身与地面垂直。

图 4-2-3

错误纠正

　　重心转移太快，导致摔倒。因此，应注意左右脚交替移动距离适度。

弓步

动作方法 见图 4-2-4

　　前面腿大腿屈膝蹲平，膝部略向前与脚尖垂直，但不得超过脚尖，脚跟落地，髋部不准向外凸；后面腿伸直，脚尖略里扣斜向前方，脚跟或脚板外侧均不得离地（脚跟离地叫"拔跟"），上体略向前倾，挺胸塌腰，落臀。如两臂同时前举，两臂必须横向呈直线。

✿ 技术要点

右腿大小腿弯曲，大腿呈水平，上体正对前方，呈前弓后箭形。

✿ 错误纠正

髋关节没有被打开。因此，应注意髋关节尽量往前送。

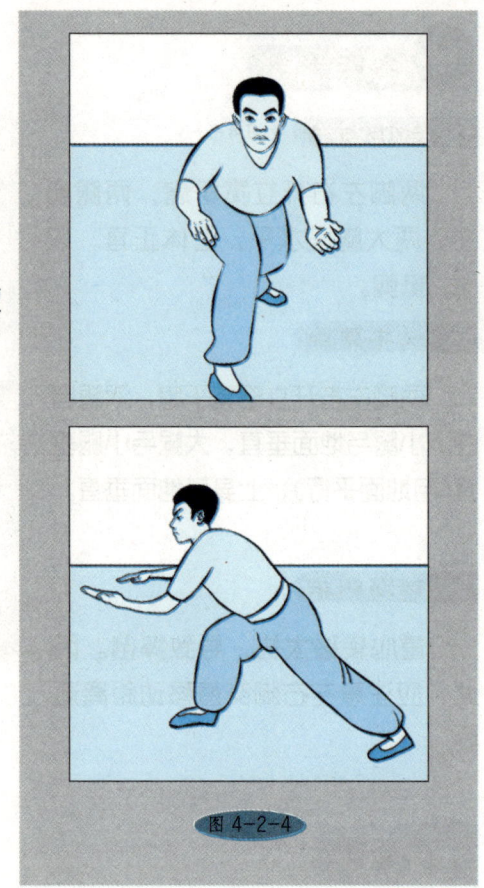

图4-2-4

▼ 开合步

✿ 动作方法　见图4-2-5

从基本站立姿势开始，两脚蹬地，两腿左右分开宽于肩，双脚蹬地，两腿并拢，上体保持基本姿势。

✿ 技术要点

进步必跟，退步必撤，开合相生，进退影随。

图 4-2-5

 **错误纠正**

重心不稳，失去平衡，换步动作僵硬。因此，应注意保持头正、顶平，同时注意收腹敛臀，膝关节略曲，以使重心下沉、稳固。

 **仆步(铲步)**

动作方法 见图 4-2-6

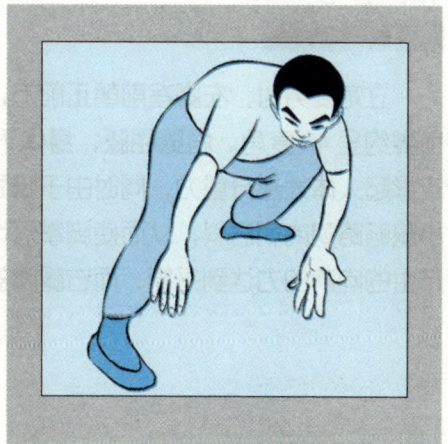

左腿大小腿弯曲全蹲，重心在左腿，右腿向右侧前伸，大小腿呈一直线，脚掌内扣，左右动作相同，但方向相反。

技术要点

挺胸，立腰，沉髋，腿仆直，不拔跟。

 错误纠正

(1)平仆腿不直，脚外侧掀起脚尖上翘外展。因此，应注意使平仆腿脚外侧抵固定物体（如墙根等）防止脚尖外展上翘和脚外侧掀起；用同侧手压平仆腿膝部，使其挺直以加强踝关节柔韧性锻炼。

(2)上体前倾，全蹲腿脚提起。因此，应注意多做仆步压腿练习，强调沉髋、立腰；做双脚外侧站立、跪压足背、侧压腿等练习以发展下肢柔韧性。

(3)出现半蹲，脚掌无内扣。因此，应注意仆步腿的速度要缓慢，腰部肌肉保持适度紧张。

图 4-2-6

麒麟步

动作方法 见图 4-2-7

立定姿势时，左脚在前朝正前方，后脚离前脚约一脚半距离，且脚尖与前脚约呈 45 度角。后腿屈膝，身体下蹲，脚后跟抬起约三指高，脚掌用力支撑起人体大部分重力，同时由于脚后跟的抬起，产生一个向前的力。前腿小腿略略朝内朝后斜，从而使脚掌落地后产生一个向后的力，与后脚跟抬起产生的向前的力达到平衡，而右腿膝盖需顶住左腿膝弯处。

图 4-2-7

❀ 技术要点

　　从基本站立姿势开始，重心移至左脚，右脚经左腿前向左移步，左右腿交叉，两腿弯曲，重心在两腿中间。右与左动作相同，但方向相反。

❀ 错误纠正

　　左右腿过直。因此，应左右腿屈伸适度，保持动作连贯性。

 跪步

动作方法 见图4-2-8

从基本站立姿势开始，左腿大小腿弯曲约90度，右腿大小腿弯曲小于90度，右膝关节和右脚趾着地，上体略前倾，重心在右脚。右与左动作相同，方向相反。

技术要点

一腿下蹲，一腿跪地，使膝部接近地面而不贴于地面。前脚掌落地，脚跟离地，臀部坐于跪地腿的小腿上面。

错误纠正

腿部与上体呈马步。因此，应注意左右腿的角度选择。

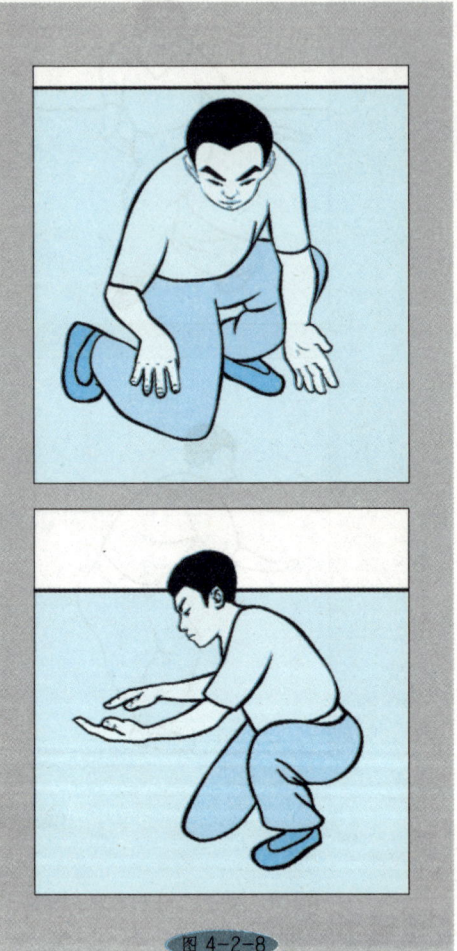

图4-2-8

虚步

动作方法 见图 4-2-9

左腿弯曲，重心在左腿，右腿大小腿略屈，脚尖前点。左与右动作相同，方向相反。

技术要点

也称吊马或寒鸡步，虚实分明，体重落于一腿之上。前腿虚，后腿实，虚实分明。

错误纠正

脚跟着地。因此，应注意压脚尖使脚尖点地。

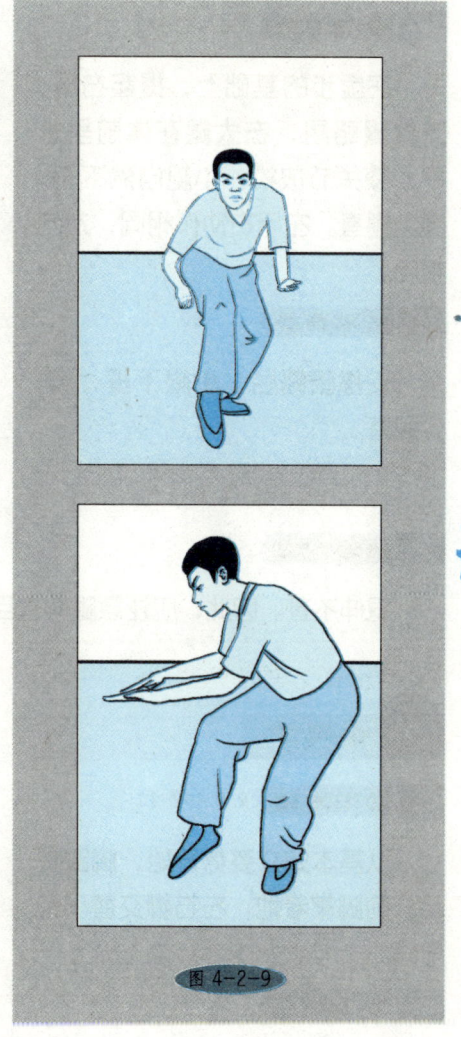

图 4-2-9

吊步

动作方法 见图4-2-10

在虚步的基础上，提起右腿，支撑腿略屈，右大腿在体前呈水平，膝关节放松，小腿自然下垂，脚尖绷直。左与右动作相同，方向相反。

技术要点

支撑腿略屈，小腿下垂，脚尖绷直。

图4-2-10

错误纠正

腿伸不直。因此，应注意腿伸直且压脚面。

小跑步

动作方法 见图4-2-11

从基本站立姿势开始，脚跟提起，前脚掌着地，左右脚交替小跑前移。

技术要点

跑步要轻松协调，重心移动平稳，直线性强，有良好的节奏，要尽量提高肌肉用力和交替放松的能力。

错误纠正

大腿抬得过高。因此，应注意脚跟提起，前脚掌着地。

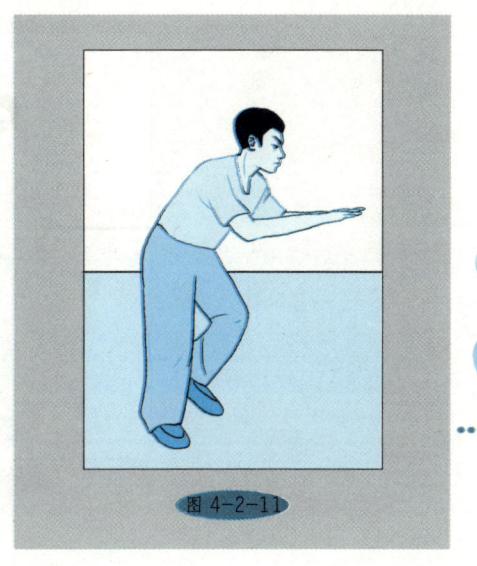

图 4-2-11

插步

动作方法 见图 4-2-12

从基本站立姿势开始，重心移至左脚，右脚提起，从左脚的左后方下插，左右腿呈交叉。右插步与左插步动作相同，方向相反。

技术要点

沉髋，横插步幅不要过大或过小。

错误纠正

插步过大或过小。因此，可在地面上划出插步点的记号；插步时不要转身或转胯，保持躯干朝正前方，并注意沉髋。

图 4-2-12

 跃步

动作方法 见图 4-2-13

从基本站立姿势开始，下蹲用
力蹬地，向左（或右）上方跃起，落
地后还原。

技术要点

蹬地，跃起。

错误纠正

腾空时间短。因此，应注意
下蹲用力蹬地。

图 4-2-13

 探步

动作方法 见图 4-2-14

从右虚步开始，右腿提起，右大腿呈水平，以左膝关节为轴，右小腿前伸，脚尖前点。左与右动作相同，方向相反。

技术要点

提腿，小腿前伸，脚尖前点。

错误纠正

身体重心前倾，使身体站不稳。因此，应注意上体保持基本姿势，重心落于支撑腿。

图 4-2-14

金鸡独立步

动作方法 见图 4-2-15

右腿提起，大腿呈水平，大小腿弯曲小于 90 度，脚尖绷直，上体略前倾。左与右动作相同，方向相反。

技术要点

单腿直立，一脚提起，膝与胯平，脚向里收，脚尖自然朝下。

图 4-2-15

大小腿弯曲角度过大。因此，应注意重心下降，使大小腿弯曲角度变小。

跳步(小步跳)

动作方法 见图4-2-16

两腿用力蹬地，向前方跳起，腾空的同时，略向左转，两脚落地呈侧向马步。左与右动作相同，方向相反。

技术要点

跳起，双脚同时落地且侧向马步。

错误纠正

两脚蹬地用力不统一。因此，应注意两脚同时蹬地腾空、落地。

图4-2-16

第三节

南狮技术动作

舞南狮的技术动作是表现狮子喜、怒、惊、疑、动、静、哀、乐，以及舞狮者在桩上的动作。

 神态动作

以表现狮子各种神态的动作为主，是舞狮者应该熟练掌握的动作。

 喜

动作方法

刻画狮子生动的神态，表现出雄狮的勇猛和活泼。

技术要点

狮子高兴、眨眼、微笑、轻摆头或轻跳转身，配弓步、马步、上膝或独立步等。动作要灵活，轻快。

错误纠正

狮头队员动作缓慢，没有朝气。因此，应注意加强狮头队员快速运动的能力。

 怒

动作方法

刻画狮子愤怒的神态，表现狮子勇猛和活泼的性格。

技术要点

狮子生气发怒，怒目瞪眼，开口吼叫，狮头用力抖动，配马步、弓步、站立步等。动作要平稳且慢。

错误纠正

易出现晃动狮头的动作。因此，应注意加强抖动练习。

惊

动作方法

刻画狮子受惊吓的神态，表现狮子性格中的另一个侧面胆怯之心。

技术要点

因突然情况产生害怕受惊而狂奔，或原地瞪眼开口或合口，狮身抖动，特别狮后腿的抖动要突出、逼真，配弓步、马步等。动作要协调且灵活多变。

错误纠正

易出现狮腿晃动的动作。因此，应注意练习抖动腿，学会腿部由放松到紧张的变化。

疑

动作方法

在或动或静中，表现探洞时的多疑性格，塑造狮的优美神情，展现狮的智慧神韵。

技术要点

开眼合嘴，狮头左右慢转或前伸后缩，不轻举妄动，猜疑不信，配仆步、弓步、马步、上膝的造型。狮头与脚步动作协调。

错误纠正

动作鲁莽，不注意细节。因此，应注意学习运用肢体语言表现狮子的猜疑心理。

 动

动作方法

在或动或静中，塑造狮的优美神情，展现狮的精气神韵。

技术要点

(1)根据狮子动作配轻、重、快、慢、急、缓鼓点步法，随鼓点节奏而改变姿态；

(2)动作要随鼓点的变化适时调整脚步。

错误纠正

动作夸张，而未表现出狮子的神情。因此，应注意学习运用肢体语言表现狮子的精气神韵。

 静

动作方法

在或动或静中，塑造狮的优美神情，展现狮的精气神韵。

技术要点

鼓停狮静，目光平稳，狮的安静造型突出，配仆步、弓步、马步。动作协调，步法平稳。

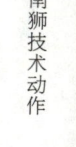

 **错误纠正**

动作鲁莽，不注意细节。因此，应注意学习运用肢体语言表现狮子的精气神韵。

哀

动作方法

哀则闭眼稳步，配行礼步、两移步、大四平步。

技术要点

动作协调，步法平稳且慢。

错误纠正

步法过快，且不协调。因此，应注意动作协调，步法平稳且慢。

乐

 **动作方法**

狮子欢喜快乐，摇头摆脑，眼、嘴随鼓点节奏而开合，配小跳、跃步、小步跑等步法。

技术要点

动作协调，步法轻快。

错误纠正

步法慢，狮头摆动幅度大。因此，应注意动作要灵活，轻快。

南狮桩上基本技术 ◆◆◆◆◆◆◆

以下动作是反映狮子活动的形式，也是舞狮者应该掌握的舞南狮技术。

腾 起

✿ 动作方法 见图4-3-1

　　预备势，狮头与狮尾处基本部位。狮头队员下蹲，向上跃起，狮尾队员在狮头跃起的同时，把狮头举起，落地还原。

✿ 技术要点

　　(1)狮头队员被狮尾队员举起时，双腿屈膝于胸前，并紧贴，上体圆背，略前倾；

　　(2)狮尾队员双手上举时，肩向上垂直上顶，上体正直。

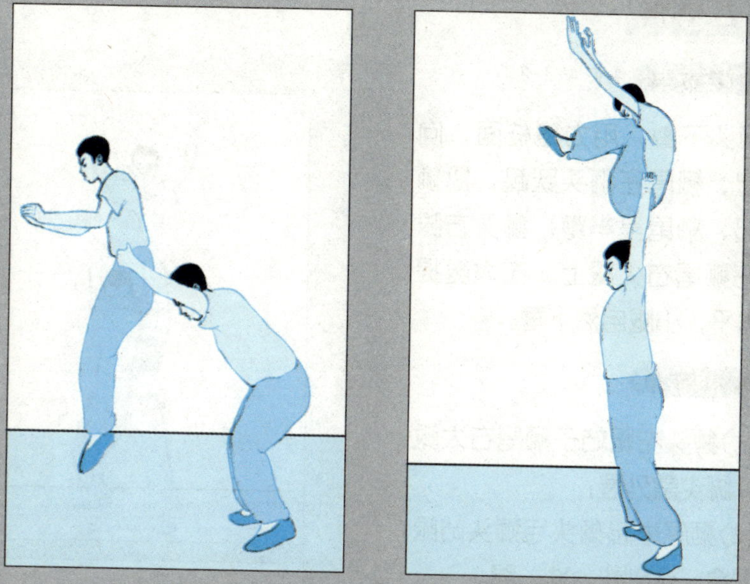

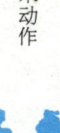

图 4-3-1

错误纠正

　　狮头队员双腿屈膝于胸前紧密度不够。因此，应注意大腿抬高贴于胸前。

 上单腿

动作方法 见图 4-3-2

　　狮头下蹲，用力蹬桩面，向上跃起，狮尾在狮头跃起，把狮头举起，狮尾呈半蹲，狮头右腿站立在狮尾右大腿上，左大腿提起呈水平，小腿自然下垂。

技术要点

　　(1)狮头左腿站于狮尾右大腿上时，脚尖需外展；

　　(2)狮尾举起狮头与狮头站腿协调配合，达到快、准、稳。

错误纠正

　　狮头队员脚尖不外展。因此，应注意狮头队员站于狮尾腿上找平衡。

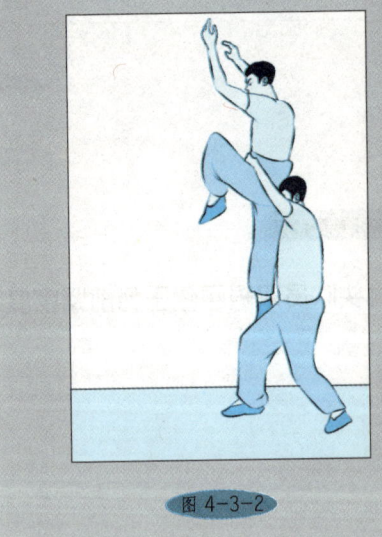

图 4-3-2

上举腿

动作方法　见图4-3-3

　　在桩上呈两人基本姿势，狮头下蹲，用力蹬桩面，向上跃起，狮尾在狮头跃起的同时，把狮头举起，狮尾呈半蹲，狮头两脚站立在狮尾的左右大腿上。

技术要点

　　(1)狮头站立时，双脚内扣于狮尾者的大腿内侧；

　　(2)狮尾者双手紧贴狮头者大腿内侧。

错误纠正

　　狮头队员双脚外展于狮尾大腿内侧。因此，应注意基于平衡与方便的考虑做动作。

图4-3-3

占位上双腿

动作方法 见图 4-3-4

狮头下蹲，两脚用力蹬桩面，向上跃起，狮尾在狮头跃起的同时，把狮头举起，狮尾两脚移至狮头的桩位上，狮尾呈半蹲，狮头两脚站立在狮尾的右左大腿上。

图 4-3-4

技术要点

（1）狮头站立时，双脚内扣于狮尾的大腿内侧；

（2）狮尾者双手紧贴狮头大腿内侧。

错误纠正

狮头队员双脚外展于狮尾大腿内侧。因此，应注意基于平衡与方便的考虑做动作。

钳腰

动作方法 见图 4-3-5

狮头下蹲，两脚用力蹬桩面，向上跃起，狮尾在狮头跃起的同时，狮尾两手把狮头举起后移至体前，狮尾呈半蹲，狮头大腿紧夹狮尾的腰部，左右脚相扣。

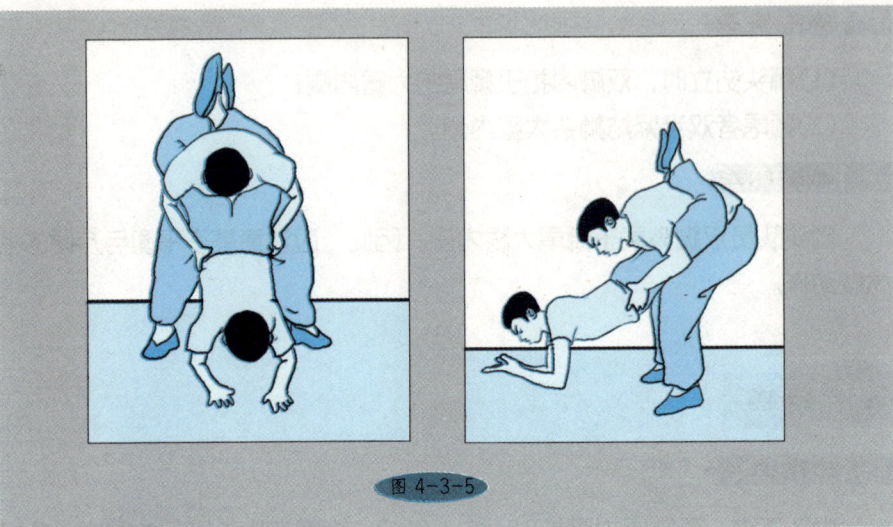

图 4-3-5

 **技术要点**

（1）狮尾后移狮头同时，狮头两腿迅速夹于狮尾腰部；

（2）狮尾紧抓狮头腰，略向上提，重心在两脚之间。

错误纠正

狮头动作过大，不利于狮尾抓狮头腰。因此，应注意狮头控制后移的力量与速度。

▼ 占位钳腰

动作方法 见图 4-3-6

狮头下蹲，两脚用力蹬桩面，向上跃起，狮尾在狮头跃起的同时，狮尾两手把狮头举起后移至体前，狮尾两脚蹬桩面移至狮头的桩位上，狮尾队员呈半蹲，狮头大腿紧夹狮尾的腰部，左右脚相扣。

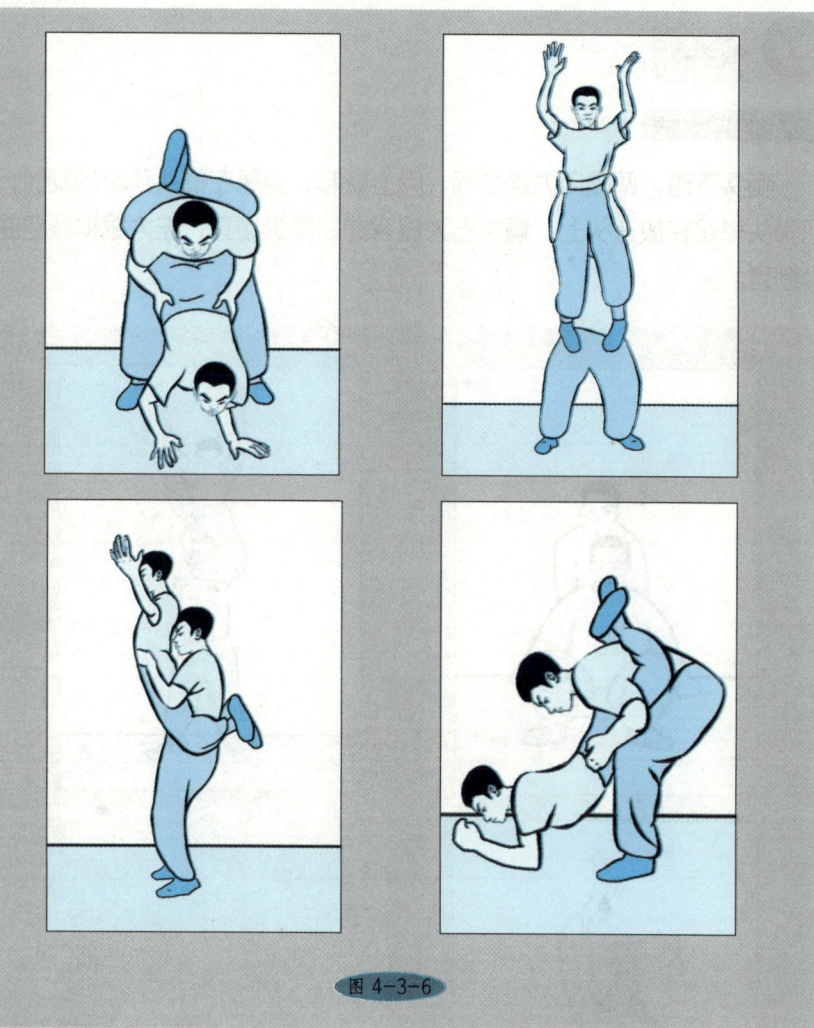

图 4-3-6

技术要点

（1）狮尾后移狮头同时，狮头两腿迅速夹于狮尾腰部；

（2）狮尾站位时要快、准、稳。

错误纠正

狮头动作过大，不利于狮尾抓狮头腰。因此，应注意狮头控制后移的力量与速度。

动作方法 见图 4-3-7

　　狮头下蹲，两脚用力蹬桩面，向上跃起，狮尾在狮头跃起的同时，狮尾把狮头举起轻放在头上，狮头右大腿弯曲，脚尖绷直，左大腿提膝弯曲，脚尖绷直。

南狮基本技术

图 4-3-7

 **技术要点**

（1）狮头者，头要正、下颌略收；

（2）上狮尾头时要轻、快、准、稳。

错误纠正

狮头头歪。因此，应注意上体保持直立。

环回快走

动作方法 见图4-3-8

狮头以左脚为轴，左转体的同时，右脚外摆至狮尾的左桩位，狮尾在狮头移动的同时，左脚前移狮头右桩位，以右脚为轴转体的同时，右脚外摆至狮头的左桩位。

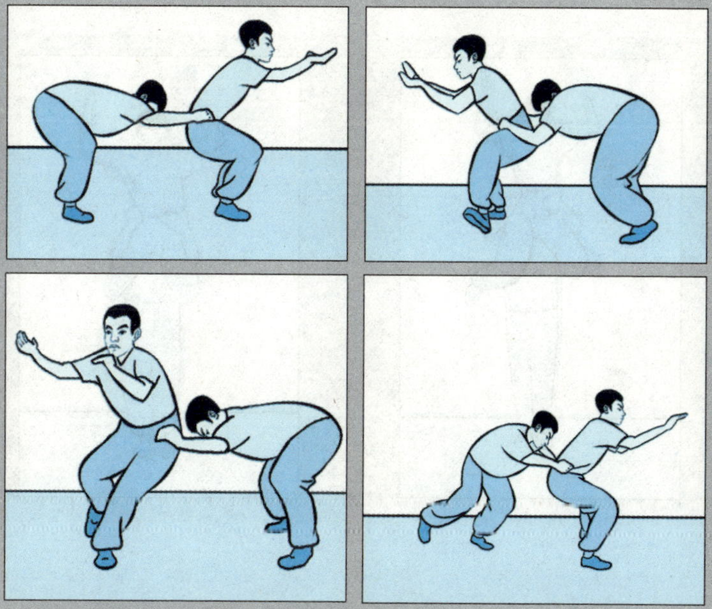

图4-3-8

技术要点

回环快走时，狮头狮尾队员配合协调，站位要准、快、稳（有效地维持身体力行平衡，保持动作完整性）。

错误纠正

狮头狮尾队员相撞。因此，应注意狮头狮尾队员配合协调，站位准、快、稳。

单桩钳腰

动作方法 见图 4-3-9

狮头单桩下蹲，两脚蹬桩面，向上跃起，狮尾在狮头跃起的同时，狮尾两手把狮头举起后移至体前，狮尾呈半蹲，狮头大腿紧夹狮尾的腰部，左右脚紧紧相扣。

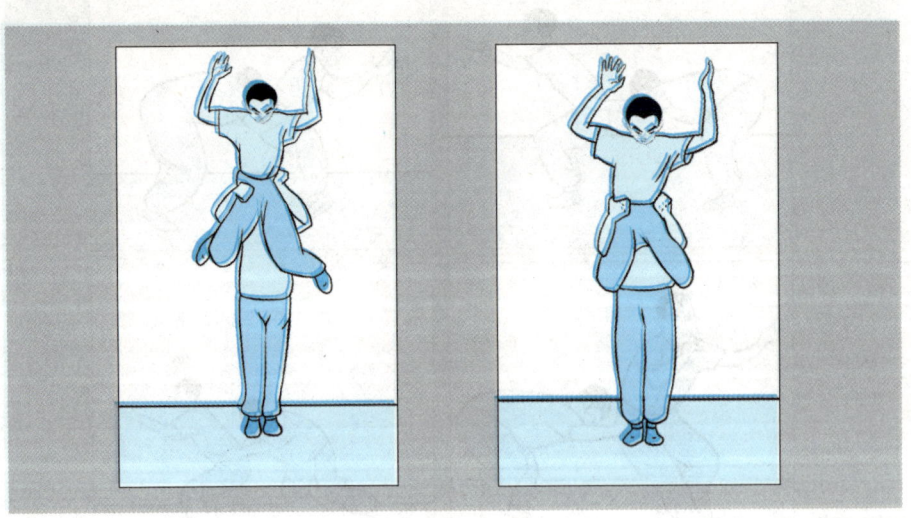

技术要点

（1）狮尾后移狮头同时，狮头两腿迅速夹于狮尾腰部；

（2）狮尾站位要快、准、稳。

 错误纠正

狮头动作过大，不利于狮尾抓狮头腰。因此，应注意狮头控制后移的力量与速度。

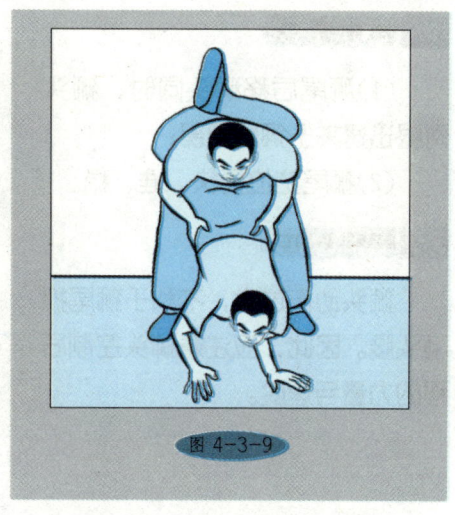

图 4-3-9

单桩占位钳腰

动作方法 见图 4-3-10

狮头单桩下蹲，两脚蹬桩面，向上跃起，狮尾在狮头跃起的同时，狮尾两手把狮头举起后移至体前，两脚蹬桩面移至狮头的桩位上，狮尾并步呈半蹲，狮头大腿紧夹狮尾的腰部，左右脚紧紧相扣。

✳ 技术要点

(1)狮尾后移狮头同时，狮头两腿迅速夹于狮尾腰部；

(2)狮尾站位要快、准、稳。

✳ 错误纠正

狮头动作过大，不利于狮尾抓狮头腰。因此，应注意狮头控制后移的力量与速度。

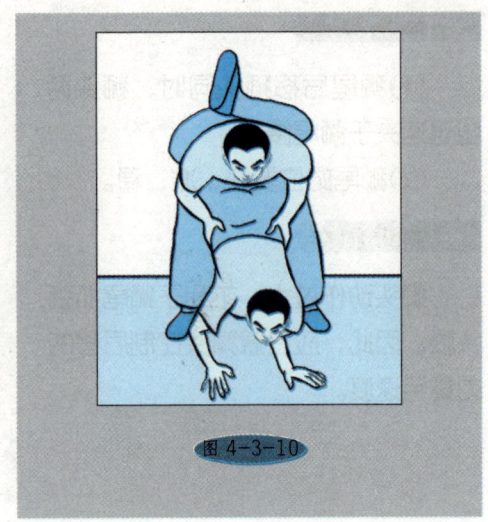

图4-3-10

 单桩坐头

✳ 动作方法 见图4-3-11

狮头单桩下蹲，两脚蹬桩面，向上跃起，狮尾在狮头跃起的同时，狮尾把狮头举起，轻放于头部，狮头右大腿上提呈水平，小腿自然下垂，脚尖绷直，左大腿扣小腿弯曲，脚尖绷直。

技术要点

(1)狮头者，头要正、下颚略收；

(2)上头时要轻、快、准、稳。

错误纠正

狮头头歪。因此，应注意上体保持直立。

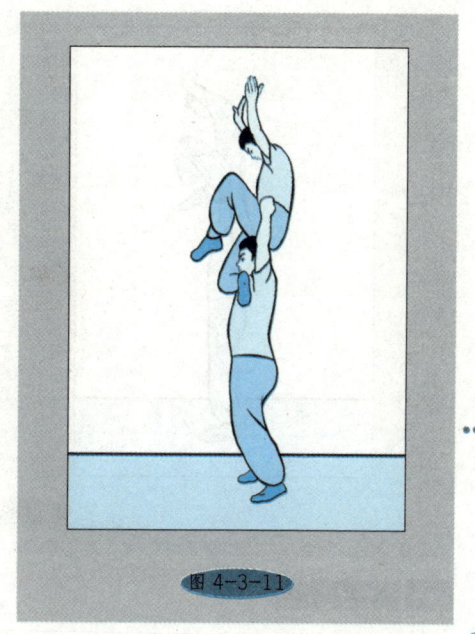

图4-3-11

 两桩柱180度回头跳

动作方法 见图4-3-12

狮头单桩下蹲，两脚蹬桩面，向上跃起，狮尾在狮头跃起的同时，左脚前移至狮头所站的桩位，以左脚为轴转体的同时，右脚移至与左脚并步转体，狮头及时落至狮尾的桩位。

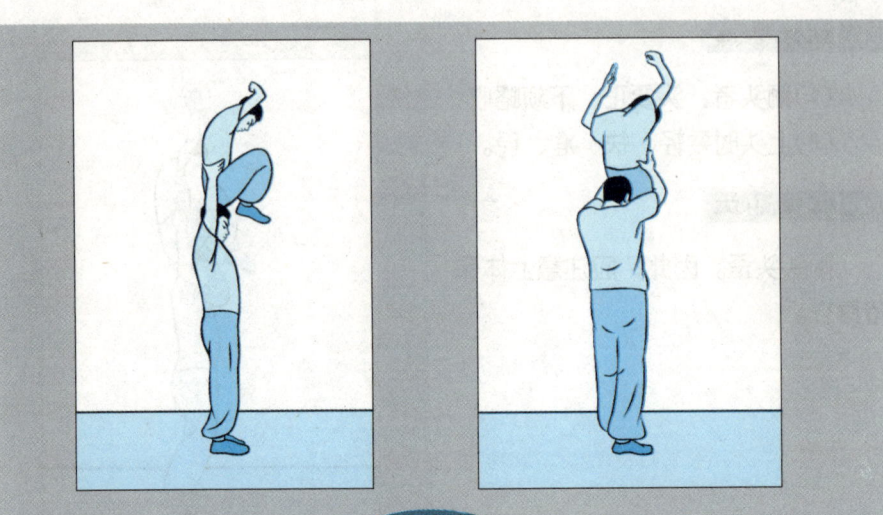

图 4-3-12

技术要点

狮尾者与狮头者换位要准、快、稳。

错误纠正

狮头狮尾队员换位不准。因此，应注意加强队员间的配合。

180 度回头跳

动作方法 见图 4-3-13

狮头单桩下蹲，两脚蹬桩面，向上跃起，狮尾在狮头跃起的同时，左脚前移至狮头右脚桩位，以左脚为轴转体的同时，右脚外摆至狮头的左脚桩位，狮头及时落至为原狮尾左右桩位。

图 4-3-13

技术要点

狮尾者与狮头者换位时要准、快、稳。

错误纠正

狮头狮尾换位不准。因此，应注意加强队员间的配合。

两桩柱 180 度转体换位上单腿

动作方法 见图 4-3-14

　　狮头单桩下蹲，两脚蹬桩面，向上跃起，狮尾在狮头跃起的同时，把狮头举起左转，左脚前移至狮头桩位，以左脚为轴转体的同时，右脚外摆置原桩位呈马步或弓步，狮头右脚站在狮尾右大腿上，左大腿提起呈水平，小腿自然下垂。

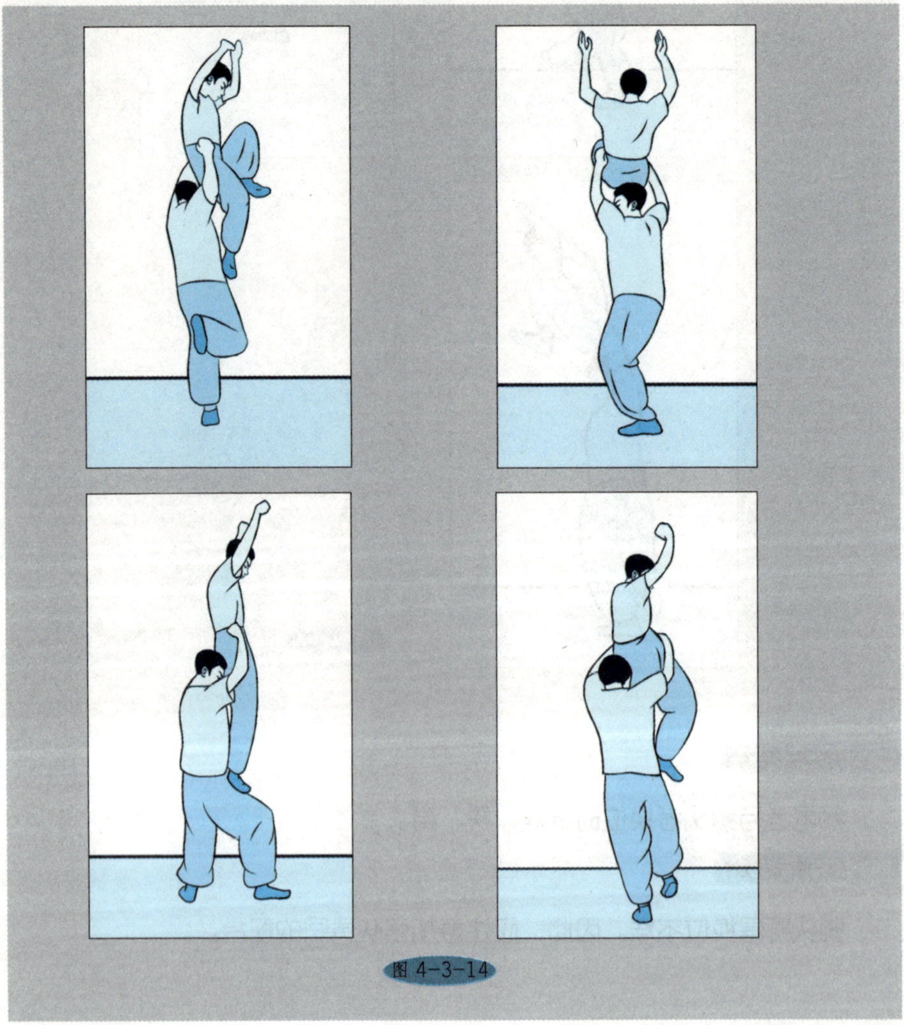

图 4-3-14

技术要点

（1）狮尾 180 度换位要准、快、稳；

（2）狮头上单腿要轻、稳；

（3）狮头、狮尾两队员上体不可左右晃动。

错误纠正

狮头跃起同时狮尾没有左转。因此，应注意加强队员间协作。

▼ 180 度转体上单腿

动作方法 见图 4-3-15

狮头下蹲，两脚蹬桩面，向上跃起略左转，狮尾在狮头跃起的同时，两手把狮头举起左转，左脚前移至狮头右脚桩位，以左脚为轴转体同时，右脚外摆至原站位左桩呈马步或弓步，狮头右脚站狮尾左大腿上，左大腿提起呈水平，小腿自然垂下。

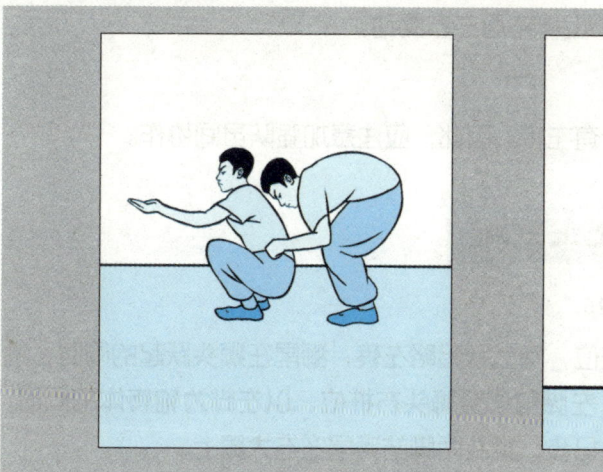
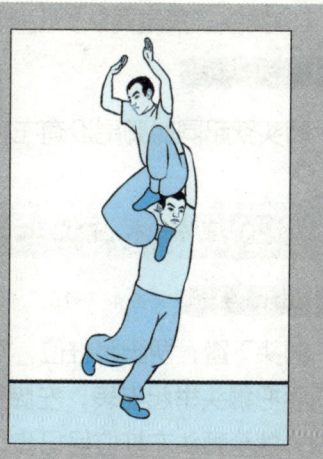

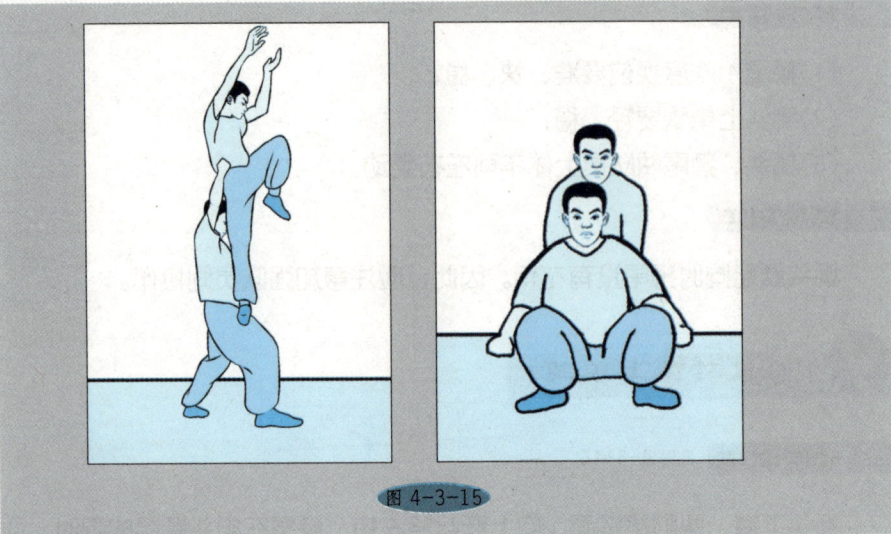

图 4-3-15

 技术要点

（1）狮尾180度换位要准、快、稳；

（2）狮头上单腿要轻、稳；

（3）狮头、狮尾两队员上体不可左右晃动。

错误纠正

狮头跃起同时狮尾没有左转。因此，应注意加强队员间协作。

180度转体占位上双腿

动作方法 见图 4-3-16

狮头下蹲，两脚蹬桩位，向上跃起略左转，狮尾在狮头跃起的同时，狮尾两手把狮头举起左转，左脚前移至狮头右桩位，以左脚为轴转体的同时，右脚外摆至狮头左桩位呈马步，狮头两脚站狮尾左右大腿上。

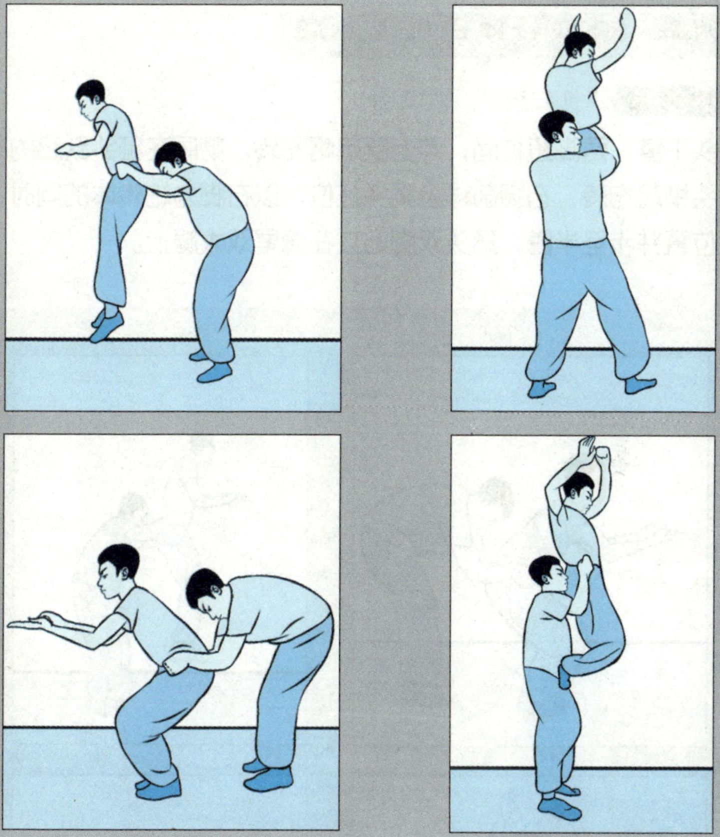

图 4-3-16

※ **技术要点**

　　(1)狮尾转体换位时要准、快、稳；

　　(2)两者重心要稳，身体不可左右晃动。

※ **错误纠正**

　　狮头队员的双脚外展于狮尾大腿内侧。因此，应注意基于平衡与方便的考虑做动作。

两桩180度转体占位上双腿

 动作方法 见图 4-3-17

　　狮头下蹲，两脚蹬桩面，向上跃起略左转，狮尾在狮头跃起的同时，两手把狮头举起左转，右脚前移至狮头桩位，以右脚为轴转体的同时，左脚移至右脚位置并步呈半蹲，狮头双脚站立在狮尾双大腿上。

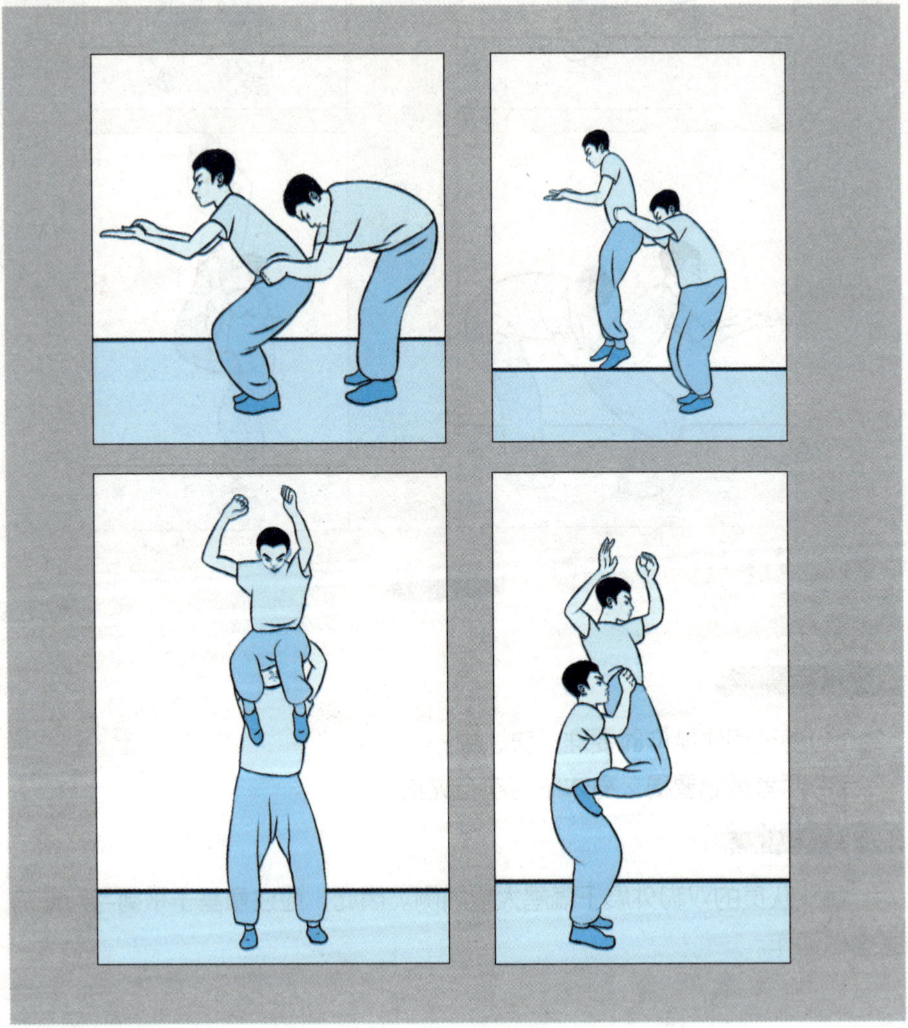

 **技术要点**

(1)狮尾转体换位时要准、快、稳；

(2)两者身体不可左右晃动。

 **错误纠正**

狮头队员双脚外展于狮尾大腿内侧。因此，应注意基于平衡与方便的考虑做动作。

图 4-3-17

南狮技术动作

第五章　比赛规则

制定各项运动的比赛规则，有助于比赛参与者了解运动规则这一基本知识，以使自己在比赛过程中游刃有余地发挥技术水平。比赛观赏者也只有在了解基本规则的前提下，才能够充分体验观赏比赛的乐趣。

第一节

比赛方法

参赛运动员要按照一定的方法进行比赛，并须遵循一定的规则，以使比赛有序进行。

舞狮比赛可分为舞北狮和舞南狮两种形式。

北狮

北狮比赛为双狮(4人)加引狮员(1人)，在地面、高台或桩上比赛。

南狮

南狮比赛为单狮(2人)，在桩阵上比赛，要有采青。

舞狮比赛可分为如下几项内容：

(1)规定套路；

(2)自选套路；

(3)传统套路；

(4)技能舞狮。

 **套路时间和鼓乐** ◆◆◆◆◆

套路时间和鼓乐即比赛时表演套路所用的时间和伴奏的鼓乐要求。

 **时间**

比赛套路的时间为 10～15 分钟，布置器材时间不超过 15 分钟。计时方法为：

运动员候场完毕，鼓乐起为比赛开始计时；

运动员摘狮头、狮被并步行礼时，计时结束。

 **鼓乐**

舞狮鼓乐是烘托气氛、转换节奏、激励队员情绪不可分割的重要组成部分。音乐旋律的节奏快慢等要与舞狮动作协调一致，以打击乐演奏为主，亦可采用吹打乐。

第二节

裁判方法

在比赛过程中，裁判人员履行其职责，进行正确的裁判工作，来保证比赛的公平、公正。

 **裁判人员** ◆◆◆◆◆

(1)总裁判长 1 人，副总裁判长 2～3 人；

(2)裁判组设裁判长 1 人，评分裁判 5～9 人，值班裁判 1 人，套路检查

裁判 1～2 人，记分员 1 人，计时员 1 人；

(3)记录长 1 人，记录员 1～2 人；

(4)检录长 1 人，检录员 3～5 人；

(5)宣告员 1～2 人。

　　裁判员评分有 5 人评分制、7 人评分制和 9 人评分制三种方法。裁判员根据运动队现场发挥的技术水平，依据舞狮评分规则标准，对动作进行评分。

 应得分的规定

(1)5 名裁判员评分，取中间 3 个有效分值的平均值为运动队的应得分；

(2)7 名或 9 名裁判评分时，取中间 5 个有效分值的平均值为运动队的应得分；

(3)应得分保留到小数点后两位(小数点后第三位数不作四舍五入)。

 有效分的差数规定

(1)当应得分在 9.5 分和 9.5 分以上时，差数不得超过 0.2 分；

(2)当应得分在 9 分至 9.5 分时，差数不得超过 0.3 分；

(3)当应得分在 9 分以下时，差数不得超过 0.5 分。

 基准分

基准分的应用

当评分裁判员有效分之间的差数出现不符合规则规定时，裁判长判定的分数即为基准分，将基准分与最接近的两个有效分相加除 3，即为该队得分。

最后得分

裁判长根据规则，再在该队得分中减去套路完成时间、套路难度不足、重做、踩线、出界等失误所致的扣分分值后，所剩分值即为该队最后得分。

 扣分细则

裁判员扣分

凡在规定时间内没有完成套路，中途退场者不予评分。

(1)大跌（每出现一次扣 1 分）；
(2)中跌（每出现一次扣 0.5 分）；
(3)小跌（每出现一次扣 0.3 分）；
(4)失误（每出现一次扣 0.1 分）；
(5)违例。

裁判长扣分

时间

参赛时间超出或不足扣分。不足或超过规定时间 1～15 秒扣 0.1 分；不足或超过规定时间 15～30 秒扣 0.2 分；依此类推。

重做

凡因客观原因造成比赛中断，经裁判长允许可重做一次，不予扣分；凡因运动员失误、受伤、器材损坏等主观原因造成比赛中断者，可申请重做，扣 1.0 分。

出界

比赛时，运动员踩线或出界，每出现一次扣 0.1 分。

舞狮比赛分预赛、决赛，按成绩高低排定名次，得分高者，名次列前。

预赛阶段得分相等时

如相等，以自选套路中 C 级难度动作的数量计算，多者名次列前；

如再相等，以所有评分裁判之总得分减去总扣分计算，高者名次列前；

如再相等，无效分的平均值接近有效分平均值的名次列前；

如再相等，以无效分的平均值高者名次列前；

如再相等，名次并列。

决赛阶段得分相等时

预赛中名次前者列前；

如相等，以自选套路中 C 级难度动作的数量计算，多者名次列前；

如再相等，以所有评分裁判之总得分减去总扣分计算，高者名次列前；

如再相等，以无效分的平均值高者名次列前；

如再相等，名次并列。